고조선·삼국 시대

교과서에 나오는 재미있는 역사 이야기 1

우리 역사 한입에 꿀꺽

2012년 7월 15일 개정 증보판 1판 1쇄 발행
2014년 1월 10일 개정 증보판 1판 2쇄 발행

글 **양대승** | 그림 **백명식**
펴낸이 **문제천** | 펴낸곳 **(주)은하수미디어**
편집장 **김은영** | 편집책임 **오숙희** | 편집 **임소현**
디자인책임 **문미라** | 디자인 **이수진 김효정**
편집진행 **김혜영** | 디자인외주 **아트인** | 제작책임 **이남수**
주소 **서울시 송파구 문정1동 21-5 에코타워 4층**
대표전화 02)449-2701 | 팩스 02)404-8768 | 편집부 02)3402-1386
출판등록 **제22-590호**(2000. 7. 10.)
홈페이지 www.ieunhasoo.com

고조선·삼국 시대

교과서에 나오는 재미있는 역사 이야기 1

우리 역사 한입에 꿀꺽

글 양대승 | **그림** 백명식

은하수 미디어
EUNHASOOMEDIA

역사는 옛날에 있던 일들을 기록한 것이에요. 역사 이야기를 읽다 보면 옛날이야기처럼 재미나고 신기한 이야기를 많이 만나게 되지요. 곰이 동굴 속에서 쑥과 마늘을 먹고 사람이 되기도 하고, 알에서 태어난 사람이 나라를 세우기도 해요.

그런데 역사에는 이런 신기한 이야기들만 있는 게 아니에요. 역사를 보면 옛날 사람들이 어떻게 살았고, 어떤 일들이 있었는지도 알 수 있어요. 이처럼 역사를 배운다는 것은 단지 과거에 일어난 일들을 아는 것만은 아니랍니다. 역사는 우리가 사는 현실과 동떨어진 옛날이야기가 아니거든요. 지금 우리가 있기 위해서는 아버지가 있었고, 아버지가 있기 위해서는 할아버지가 있었고, 할아버지가 있기 위해서는 증조할아버지가 있었어요. 이런 식으로 계속 올라가다 보면 우리나라를 세운 단군 할아버지까지 만나게 될 거예요. 즉, 지금 우리가 있기 위해서는 단군 할아버지를 비롯한 우리 조상들이 있었지요.

아버지와 내가 따로 떨어져 있지 않듯이 과거의 역사와 현재는 서로 연결되어 있어요. 과거의 수많은 날들이 쌓이고 쌓여 역사가 되고 그 역사 위에 새로 오늘이 열리는 것이니까요.

그래서 "역사를 통해서 현재를 바라본다."라는 말이 있어요. 역사는 현재를 비춰 볼 수 있는 거울과 같아요. 우리는 역사를 통해서 많은 교훈을 얻을 수 있지요. 재미있는 역사 이야기를 읽으며, 그 속에 숨어 있는 교훈과 의미를 찾아보세요.

2012년 글쓴이

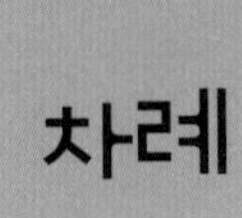

차례

교과 연계 : 사회 교과서 5학년 1학기 1단원

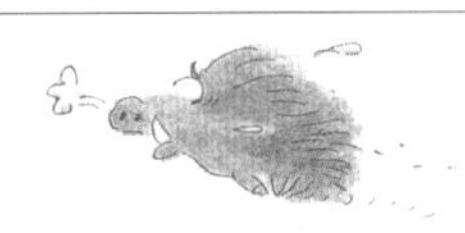

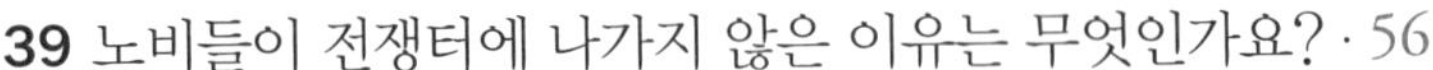

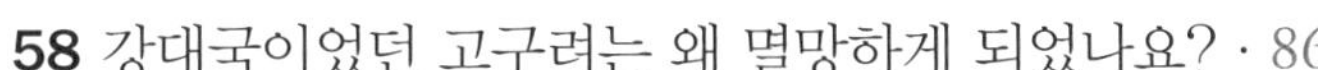

후백제

01 우리나라 땅에는 언제부터 사람이 살기 시작했나요?

우리가 살고 있는 한반도에는 먼 옛날이라고 하기에도 아득한 약 70만 년 전부터 사람이 살았어요. 그때부터 사람들이 살았다는 것을 어떻게 알 수 있을까요?

먼 옛날 사람들은 동굴에서 주로 생활을 하고, 돌을 이용해서 필요한 도구들을 만들었어요. 우리는 먼 옛날 사람들이 사용했던 도구와 살았던 흔적이 남아 있는 것을 보고 그 당시 사람들의 생활을 알 수 있지요.

북한 지역인 평양 상원의 검은모루 동굴, 충청북도 청원의 두루봉 동굴, 경기도 연천의 전곡리 동굴 등에는 먼 옛날 사람들이 살았던 흔적이 남아 있어요.

02 구석기, 신석기라는 말이 무슨 뜻인가요?

사람이 동물과 다른 특징 중 하나는 도구를 사용한다는 것이에요.

원시인들이 최초로 사용한 도구는 나무 막대기나 돌이었어요. 막대기나 돌을 이용해서 동물을 사냥하거나 나무 열매를 땄지요. 처음에는 있는 그대로 사용했지만 점차 필요에 따라 여러 가지 도구를 만들어 사용하게 되었어요. 특히 돌은 돌도끼나 자르개, 돌괭이 등 여러 가지로 이용되었답니다.

이처럼 돌로 만든 도구를 주로 사용한 시대를 석기 시대라고 해요. '석기'란 돌로 만든 도구를 말하지요. 석기 시대는 구석기 시대와 신석기 시대로 나누어져요.

'구석기 시대'는 오래된 석기 시대라는 뜻이에요. 우리 땅에 처음 사람이 살기 시작한 때가 바로 이때예요. 구석기 시대에는 돌을 깨뜨리거

나 떼어 내서 도구를 만들었어요. 바위나 큰 돌을 깨뜨리면 날카로운 모서리가 생기는데, 이것을 이용해서 돌도끼나 창, 화살촉 등을 만들었지요. 이렇게 돌을 깨뜨리거나 떼어 내서 만든 도구를 '뗀석기'라고 해요.

▲뗀석기인 주먹도끼(국립중앙박물관)

그런데 돌을 떼어 내는 방법으로는 원하는 모양을 제대로 얻을 수 없었어요. 돌이 떼어지는 모양이 일정하지 않았기 때문이지요. 시간이 지나면서 사람들은 돌을 다듬고 갈아서 도구를 만들었어요. 돌을 갈아서 만든 도구는 뗀석기보다 훨씬 정교하고 세련되었어요. 이렇게 돌을 갈아서 만든 도구를 '간석기'라고 하고, 이런 도구를 만들어 사용한 시기를 '신석기 시대'라고 한답니다.

▲신석기 시대에 고기잡이 도구로 쓰였던 간석기(국립중앙박물관)

03 농사를 짓기 시작한 것은 언제부터였나요?

신석기 시대는 지금으로부터 약 8천 년 전부터 시작되었어요. 농사를 짓기 시작한 것도 이때부터였어요. 나무 열매를 따고 먹잇감을 사냥하는 것은 자연에 있는 것을 얻는 것이지요. 하지만 씨를 뿌리고 곡식을 기르는 농사는 사람이 직접 먹을 것을 만들어 내는 것이에요.

농사를 짓기 시작하면서 사람들의 생활은 엄청나게 많이 바뀌었어요. 농사를 짓기 전, 사람들은 나무 열매를 따고 사냥을 해서 먹을 것을 구했어요. 그러다 보니 먹을 것을 찾아 이리저리 떠돌아 다녀야 했지요.

하지만 농사를 짓기 시작하면서부터 사람들은 한곳에 머물러 살게 되었어요. 농작물을 땅에 심어 기르려면 한곳에 오래 머물러야만 했기 때문이에요.

그렇게 하려면 제대로 된 집이 필요했어요. 그래서 사람들은 땅에 구멍을 파서 움집을 짓고 살았어요. 이렇게 마을이 생기고 여러 마을이 모여 부족이 생겨나게 되었지요.

그리고 농사를 짓기 시작하면서 개, 돼지와 같은 동물을 집에서 가축으로 기르기 시작했어요. 또 삼과 같은 식물에서 실을 뽑아내어 옷을 만들어 입기 시작했지요.

농사는 생활뿐만 아니라 사람들이 사용하는 도구에도 많은 변화를 주었어요. 땅을 파는 데 쓰인 돌삽, 돌괭이 그리고 곡식을 수확하는 데 쓰인 돌칼 등의 도구들이 바로 농사를 짓기 시작하면서 만들어진 도구들이지요. 이 밖에 거두어들인 곡식을 담을 흙으로 만든 그릇도, 옷을 만들기 위해 실을 뽑는 도구도 이때 만들어졌어요.

04 석기 시대 사람들은 정말 태양이나 물을 높이 받들었나요?

농사를 짓기 시작하면서 사람들은 자연에 대해서 관심이 많아졌어요. 태양, 구름, 비, 우박, 바람 등과 같은 자연의 변화가 농사에 큰 영향을 미쳤기 때문이지요. 그래서 사람들은 산, 하천 등과 같은 자연에 신이 있어서 변화를 일으킨다고 생각했어요.

특히 태양은 농사를 짓는 데 없어서는 안 될 가장 중요한 것이었어요. 하늘에 태양이 없으면 사람이나 동물도 살 수 없고 곡식도 자라지 못하니까요. 그리고 물도 태양 못지않게 중요한 것이었어요. 물은 사람이 마시는 데 필요할 뿐만 아니라 농사에도 없으면 안 되기 때문이지요. 그래서 그 당시 사람들은 태양이나 물을 가장 으뜸으로 쳐 높이 받들었답니다.

05 신석기 시대에 일본에 석기나 토기를 전해 준 것은 우리나라인가요?

▲신석기 시대의 대표적 유물인 빗살무늬 토기(국립중앙박물관)

신석기 시대의 예술품으로는 흙을 구워서 만든 사람의 얼굴 모습, 새 · 뱀 · 개 등의 동물을 조각한 조각상, 짐승 뼈나 이빨로 만든 장식품 등이 있어요. 그리고 곡식을 담는 데 쓰였던, 흙으로 만든 그릇인 토기나 농사에 사용된 도구도 신석기 시대의 유적지에서 많이 발견되었지요.

그런데 일본의 북부 지방에서도 우리나라 신석기 시대 유적지에서 나온 유물과 같은 토기나 석기가 나왔다고 해요. 이것을 보면 이미 그때부터 바다 건너 일본과 교류가 있었다는 것을 알 수 있지요. 그러니까 일본에 토기나 석기를 만드는 것을 가르쳐 준 것은 우리 조상들이었던 거예요.

06 옛날 사람들이 처음으로 사용한 금속은 무엇인가요?

▲청동기 시대의 요령식(비파형) 동검과 칼자루 (국립중앙박물관)

사람들은 처음에는 도구나 무기를 만드는 데 돌을 사용했지만 시간이 지나면서 금속을 발견하게 되었어요. 돌이나 흙을 불로 뜨겁게 달구면 속에 있는 금속이 녹아내리고, 그것이 식으면 다시 단단하게 굳는다는 것을 알게 되었지요. 그래서 금속이 녹아내렸을 때 모양을 만들어 식히는 방법으로 도구를 만들기 시작했어요. 처음으로 사용한 금속은 구리였어요. 구리는 쉽게 녹았거든요. 그러나 구리는 도구로 사용하기에는 너무 물렀어요. 그래서 구리에 주석이나 아연, 납, 비소 등을 약간씩 섞어 청동을 만들어 사용했어요. 청동은 구리에 비해 단단하고 광택이 나서 여러 가지 도구나 무기로 사용되었지요. 이렇게 청동으로 도구를 만들어 사용한 시대를 '청동기 시대'라고 한답니다.

07 우리나라 역사상 처음 만들어진 나라는 어디인가요?

우리나라 역사상 처음 만들어진 나라는 단군이 세운 조선이랍니다. '조선'이라는 말은 '태양이 뜨는 자리'라는 뜻의 우리말 '아사달'을 한자로 표현한 것이라고 해요. '조'는 아침이라는 뜻이고 '선'은 아름답고 깨끗하다는 뜻이에요. 그래서 조선은 '아름답고 깨끗한 아침의 나라'라고도 불렸지요.

단군이 세운 나라는 고조선이라고 불려요. 그리고 나중에 조선이라는 나라가 또 나오지요. 우리가 잘 아는 세종 대왕이나 이순신 장군이 살던 시대가 바로 나중에 세워진 조선이에요.

08 고조선이 생기기 전 사람들은 나라 없이 살았나요?

지금은 대부분의 사람들이 어떤 나라에 속해 있어요. 그러나 사람들이 나라에 속해서 산 기간은 겨우 몇 천 년밖에 되지 않는답니다. 우리 땅에 사람이 살기 시작한 것이 약 70만 년 전인 것에 비교해 보면, 나라에 속해서 산 기간은 정말 짧지요.

고조선 전의 신석기 시대에는 왕과 신하 등으로 나뉘는 신분의 높낮이도 없고 나라도 없이 살았어요. 원시 공동체 사회란 모든 사람이 같이 일하고 공평하게 나누어 쓰는 사회를 말해요. 이 당시 사람들은 가족이나 친척끼리 모여 부족을 이루어 살았답니다.

09 단군이 나라를 세웠다는 것을 어떻게 알 수 있나요?

고조선이 언제 만들어졌는지, 어떻게 만들어졌는지에 대해서는 정확히 알려져 있지 않아요. 역사적으로 확실하게 기록이 남아 있지 않기 때문이에요.

▲고조선에 대한 내용이 실려 있는 《삼국유사》

그런데도 단군이 고조선을 세웠다는 것을 알 수 있는 것은 바로 신화를 통해서예요. 단군 신화에 따르면 단군은 우리 민족의 *시조이자 최초의 임금이지요.

단군 신화는 《삼국유사》나 《제왕운기》, 《세종실록지리지》 등 여러 역사책에 나와요. '단군왕검이 나라를 세우고 조선이라고 했다.'라는 내용이 실려 있답니다.

*시조 한 민족이나 집안의 맨 처음이 되는 조상

기록으로 남기자!

삼국유사 · 제왕운기 · 세종실록지리지 · 동국여지승람…

10 단군 신화는 어떤 내용인가요?

옛날에 하늘을 다스리는 환인에게 환웅이라는 아들이 있었어요. 환웅은 인간 세상을 다스리고 싶어서 3천 명을 이끌고 태백산으로 내려왔어요. 그리고 그곳의 이름을 신시라고 하고 사람들을 다스렸어요. 그러던 어느 날, 호랑이와 곰이 환웅을 찾아와 사람이 되게 해 달라고 빌었어요. 환웅은 쑥과 마늘을 주면서 이것을 먹으며 동굴 속에서 백 일 동안 햇빛을 보지 않으면 사람이 될 수 있다고 일러 주었지요. 호랑이는 얼마 견디지 못하고 도망갔지만 곰은 꾹 참고 견뎌 여자가 되었어요. 환웅은 곰이 변한 여자와 결혼해서 아이를 낳았어요. 이 아이가 바로 단군이에요. 단군은 나라를 세웠는데 이 나라가 고조선이랍니다.

11 단군을 곰이 낳았다고 하는 것이 사실인가요?

단군 신화에는 단군의 어머니가 곰이 변한 여자라고 나와요. 정말 곰이 변해서 사람이 되었을까요? 그럴 리는 없겠지요. 그럼 이야기에 곰이 왜 나왔을까요?

고조선이 세워질 무렵 각 부족들은 곰, 호랑이 같은 특별한 동물을 섬겼어요. 단군 신화에 나오는 곰과 호랑이는 곰을 섬기는 부족, 호랑이를 섬기는 부족을 뜻해요. 환웅이 곰이 변한 여자와 결혼했다는 것은 곰을 섬기는 부족과 환웅의 부족이 합쳤다는 뜻이고, 호랑이가 도망쳤다는 것은 호랑이를 섬기는 부족이 떨어져 나갔다는 것을 뜻해요. 결국 고조선은 환웅 부족과 곰 부족이 결합해서 만들어진 나라인 것이지요.

12 단군은 성이 '단'이고 이름이 '군'인가요?

'단군' 또는 '단군왕검'이라는 말은 이름이 아니랍니다. 단군은 어떤 한 사람의 이름을 가리키는 말이 아니라 '제사장'을 가리키는 말이에요. 그리고 왕검이라는 말은 '왕'을 가리키는 말이고요. 고조선에서는 왕이 곧 하늘에 제사를 지내는 제사장이기도 했어요. 즉, 단군과 왕검은 같은 사람이 맡았기 때문에 단군왕검을 단군이라고 불러도 상관없어요.

▲우리 민족의 시조이자 고조선을 세운 단군

고조선에서는 나라를 다스리며 제사를 지내는 제사장이면 누구나 단군이라고 불렸어요.

13 고조선은 얼마나 큰 나라였나요?

고조선은 한반도의 북쪽 지역을 중심으로 세력을 키워 나갔어요. 특히 철을 이용한 도구인 철기를 만들기 시작하면서 고조선의 힘은 아주 강력해졌어요. 철로 만든 무기는 청동기에 비해 훨씬 강하고 단단해서 강력한 군대를 만들 수 있었기 때문이에요. 고조선은 발달한 철기를 바탕으로 주변 지역을 정복해 나갔어요.

고조선은 한반도 북부와 *만주를 비롯한 넓은 땅을 다스리는 나라로 발전해 나갔답니다.

만주 우리나라 북쪽 경계인 압록강과 두만강 위쪽의 지역

14 고조선에도 법이 있었나요?

많은 사람이 모여 사는 사회에는 법이 필요해요. 법이란 사람이 지켜야 할 것들과 그것을 지키지 않을 때 받을 벌을 정해 놓은 것이지요.

고조선 시대에도 법이 있었어요. 지금처럼 복잡하고 많지는 않았지만 '8조법'이라는 여덟 가지 법이 있었답니다. 그중에서 세 가지만 전해지고 있는데 그 내용은 다음과 같아요.

1. 사람을 죽인 사람은 그 즉시 죽음으로 갚는다.
2. 남을 다치게 한 사람은 곡식으로 갚는다.
3. 도둑질한 사람은 소유주의 노예가 된다. 단, 노예가 되지 않으려면 50만 전을 내야 한다.

15 고조선에는 어떤 벼슬이 있었나요?

왕

나라가 점점 커지고 발전해 나가면서 고조선을 다스리는 정치 체계도 발전했어요. 왕을 중심으로 상, 경, 대신, 장군, 비왕 등의 벼슬이 있었지요. 이 벼슬들이 정확히 어떤 일을 하는 자리였는지는 아직까지 정확하게 밝혀지지 않고 있어요.

비왕

상은 일정한 지역을 다스리거나 어떤 무리를 대표하는 사람으로 중앙 정부 일에 참여했고, 왕 다음으로 큰 힘을 가지고 있는 사람이었다고 전해져요. 장군은 군대를 지휘하는 우두머리였고, 대신은 왕을 도와 나라를 다스렸다고 해요. 비왕은 고조선 주변의 다른 지역을 다스리는 족장 또는 고조선에 항복한 다른 나라 사람에게 내리는 벼슬이었을 것으로 짐작되지요.

상

경

대신

16 주인이 죽으면 하인들도 갈이 묻었다는 것이 정말인가요?

먼 옛날에는 왕이나 지역을 다스리던 힘 있는 사람이 죽으면 산 사람을 함께 묻는 풍습이 있었어요. 이것을 '순장'이라고 해요. 옛 무덤 중에는 140명이 한꺼번에 순장된 무덤을 포함해서 100명이 넘게 순장된 무덤이 많답니다.

살아 있는 사람을 함께 묻다니 생각만 해도 끔찍한 일이지요. 왜 이런 풍습이 있었을까요?

그 까닭은 당시 사람들이 가지고 있던 죽음에 대한 생각 때문이었어요. 먼 옛날 사람들은 죽어서도 살아 있을 때와 같은 생활을 한다고 믿었어요. 그래서 무덤 안을 살아 있을 때 살던 집처럼 꾸미고 많은 물건을 함께 넣어 주었지요.

옛 무덤에서 발굴되는 토기, 칼, 거울 등은 죽은 사람이 쓸 물건들을 넣어 준 것이에요. 쌀과 같은 음식도 넣어 주었지요. 주인이 거느리던 하인을 비롯한 여러 사람도 이와 같은 이유로 함께 묻었던 것이랍니다. 죽은 주인의 시중을 들 사람이 필요하다고 생각했기 때문이에요.

이러한 순장의 풍습은 옛날 고조선이나 부여, 삼국 시대 초기까지만 해도 상당히 많았어요. 다행히도 이 잔인한 풍습은 사회가 점점 발전하면서 사라지게 되었지요. 아무리 천한 노비라고 해도 함부로 죽여서는 안 된다는 법이 만들어진 덕분이었답니다.

17 고조선에서 불려진 노래 '공무도하가'의 내용은 무엇이었나요?

'공무도하가'라는 아주 오래된 노래가 있어요. 이 노래를 만들고 부른 사람은 여옥이라는 여가수였지요. '공무도하가'에는 슬픈 사연이 담겨 있답니다. 어느 날 한 노인이 강물로 뛰어들었어요. 아내가 뛰어와 말렸지만 노인은 듣지 않고 강물로 뛰어들어 죽고 말았답니다. 남편을 잃은 부인은 구슬피 노래를 부르더니 남편을 따라서 강물에 빠져 죽었다고 해요. 이 이야기를 들은 여옥은 죽은 부부를 위해 다음과 같은 노래를 지었답니다.

님이여, 강을 건너지 마오.
님은 그냥 건너네.
물에 들어가 죽으니
아아, 저 님을 어이 하리.

많은 학자들은 이 노래가 고조선 시대에 불려진 노래라고 여기고 있답니다.

18 고조선은 어떻게 망하게 되었나요?

고조선이 힘을 키워 갈 무렵 주위에서 가장 강한 나라는 중국의 한나라였어요. 한나라는 자기들을 섬기라고 요구했지만 고조선은 결코 고개를 숙이지 않았어요. 그러자 한나라는 군사를 일으켜 고조선으로 쳐들어왔지요.

고조선은 한나라 군대에 맞서서 1년 동안 용감하게 싸웠어요. 전쟁이 길어지자 전쟁을 그만 끝내자는 의견이 나왔지요. 고조선의 왕인 우거왕은 끝까지 싸울 것을 다짐했어요. 하지만 전쟁에 지친 신하들이 우거왕을 죽이고 한나라에 항복해 버렸지요. 이렇게 해서 고조선은 기원전 108년에 멸망하고 말았어요. 전쟁에 졌기 때문이 아니라 신하들의 배신과 분열 때문에 멸망한 것이지요.

19 고조선이 멸망한 뒤 고조선 땅은 중국 땅이 되었나요?

고조선을 멸망시킨 뒤 한나라는 고조선 땅을 다스렸어요. 낙랑군, 진번군, 임둔군, 현도군이라는 4개의 군을 설치하고 한나라의 관리를 보내 다스렸지요. 그러나 한나라의 지배는 오래가지 않았어요.

고조선이라는 나라는 망했지만 고조선 사람들이 한나라가 자신들을 다스리는 것에 강하게 반발했기 때문이에요. 진번군과 임둔군은 설치된 지 20여 년 만에 없어지고 말았어요. 그리고 현도군은 요동 지역으로 옮겨졌고, 낙랑군은 고구려의 손에 사라졌어요. 이처럼 한나라가 고조선 땅을 실제로 지배한 기간은 그리 길지 않았답니다.

20 고조선 이후 우리 민족은 어떤 나라들을 세웠나요?

고조선이 멸망한 이후 고조선 사람들은 부족 단위로 힘을 키워 갔어요. 부족들은 다른 부족과 힘을 합치거나 전쟁을 벌이며 세력을 키워 갔지요. 그 결과 한반도와 만주 지역에는 고조선에 이어 여러 나라가 생겨났어요.

만주 송화강 유역의 평야 지대에는 부여가 세워졌어요. 부여는 우리 역사상 두 번째로 나타난 나라로 고구려, 백제, 옥저 등도 부여에서 나왔어요. 압록강 부근에는 고구려가 세워졌고, 함경도 지역에는 옥저, 강원도 북부 지역에는 동예가 만들어졌어요. 그리고 남쪽 지방에는 마한, 변한, 진한의 세 나라가 세워졌지요. 이 세 나라를 합쳐서 삼한이라고 불러요.

21 부여에서는 흉년이 들면 정말 왕을 죽이기도 했나요?

부여에서는 왕 아래에 있는 중요한 벼슬의 이름을 모두 가축의 이름에서 따왔어요. 마가(말), 우가(소), 저가(돼지), 구가(개) 등의 관직이 가장 높은 벼슬이었지요. 이처럼 벼슬에 가축의 이름을 붙인 것은 부여가 농사와 함께 가축을 기르는 목축업을 중요하게 여겼기 때문이에요.

마가, 우가, 저가 등의 벼슬을 하는 사람들은 힘이 아주 강했어요. 이들은 회의를 해서 왕을 세우기도 하고 왕을 내쫓기도 했지요. 부여에서는 가뭄이 들거나 홍수가 일어나 흉년이 들면 왕에게 그 책임을 물어 왕을 내쫓거나 심지어는 죽이기도 했답니다.

22 고구려와 옥저의 색다른 결혼 풍속은 무엇이었나요?

고구려와 옥저는 모두 부여에서 나와서 말이나 풍습이 대체로 비슷했어요. 그러나 결혼 풍습은 아주 달랐어요.

옥저에서는 장래에 며느리가 될 어린 여자아이를 미리 데려다가 길렀어요. 그러다가 결혼할 나이가 되면 결혼을 시켰지요. 이렇게 며느리가 될 여자아이를 미리 데려다 키우는 것을 '민며느리' 제도라고 해요. 고구려에서는 이와 반대로 사위 될 사람을 미리 데려다 살았어요. 이것을 서옥제(데릴사위제의 하나)라고 해요. 이 밖에 부여에는 형이 죽으면 아우가 형수와 결혼하는 풍습도 있었어요.

23 도둑이 도망가도 잡을 수 없었던 땅은 어디인가요?

마한, 진한, 변한을 합쳐 부르는 삼한에는 매년 한두 차례씩 각 읍별로 특별한 장소에서 제사를 지내는 풍습이 있었어요. 하늘에 제사를 지내는 일을 맡은 천군을 뽑아 질병과 재앙이 없기를 빌었지요. 이렇게 제사를 지내는 장소를 '소도'라고 했어요.

소도는 천군이 다스리는 신성한 지역이었어요. 그래서 이곳은 왕도 함부로 어쩌지 못했어요. 소도는 나라 안에 있었지만 왕이나 법의 힘이 미치지 않는 특별한 곳이었지요. 그래서 죄인이 이곳으로 도망쳐 올 경우 함부로 잡아갈 수 없었답니다.

24 부여와 삼한에 있던 축제는 무엇이었나요?

우리 민족은 춤과 노래를 좋아해.

우리 민족에게는 오래전부터 하늘에 제사를 지내는 행사가 전해져 내려왔어요. 하늘에 제사를 지내는 행사를 '제천 행사'라고 하지요. 제천 행사는 단순한 제사가 아니라 모두가 즐기며 하나가 되는 축제의 자리였어요.

부여에서는 해마다 12월이 되면 '영고'라는 행사가 열렸어요. 이때에는 하늘에 제사를 지낸 뒤 노래하고 춤을 추며 축제를 벌이고, 죄수들을 풀어 주기도 했어요. 삼한에서도 해마다 씨를 뿌리고 난 뒤인 5월의 수릿날과 추수를 하는 10월에 제사를 지내고 축제를 벌였어요. 고구려에서도 10월에 '동맹'이라는 축제가 열렸고 동예에서도 '무천'이라는 축제가 열렸어요.

이러한 축제들은 모두 한 해의 농사가 잘되기를 빌거나, 농사가 잘되게 돌봐 준 하늘에 감사를 표시하는 나라의 중요한 행사였어요.

25 고구려를 세운 사람은 누구인가요?

고구려는 부여 사람인 주몽이 세운 나라예요. 신화에 따르면 주몽의 어머니는 물을 다스리는 신의 딸인 유화이고, 아버지는 하느님의 아들인 해모수라고 해요.

아버지 몰래 해모수와 결혼한 유화는 쫓겨나 부여의 궁궐에서 지냈어요. 그러던 어느 날 유화가 커다란 알을 낳았어요. 이 알에서 나온 아이가 바로 주몽이에요.

주몽은 영리할 뿐 아니라 말을 잘 타고 활도 잘 쏘았어요. 주몽이라는 이름은 '활을 잘 쏘는 사람'이라는 뜻이에요. 모든 면에서 뛰어났던 주몽은 부여의 왕자들에게 미움을 받았어요.

"주몽을 없애 버려야겠어. 그냥 두었다간 왕의 자리를 빼앗기고 말 거야."

부여의 왕자들이 자신을 해치려는 것을 안 주몽은 남쪽으로 도망을 쳤어요. 부여의 왕자들은 주몽을 뒤쫓았지요. 쫓기던 주몽은 큰 강을 만나 꼼짝없이 잡힐 처지가 되었어요. 그런데 이때 수많은 물고기와 자라가 다리를 만들어 주어 무사히 강을 건너 달아날 수 있었어요. 이렇게 남쪽으로 내려온 주몽이 세운 나라가 바로 고구려예요.

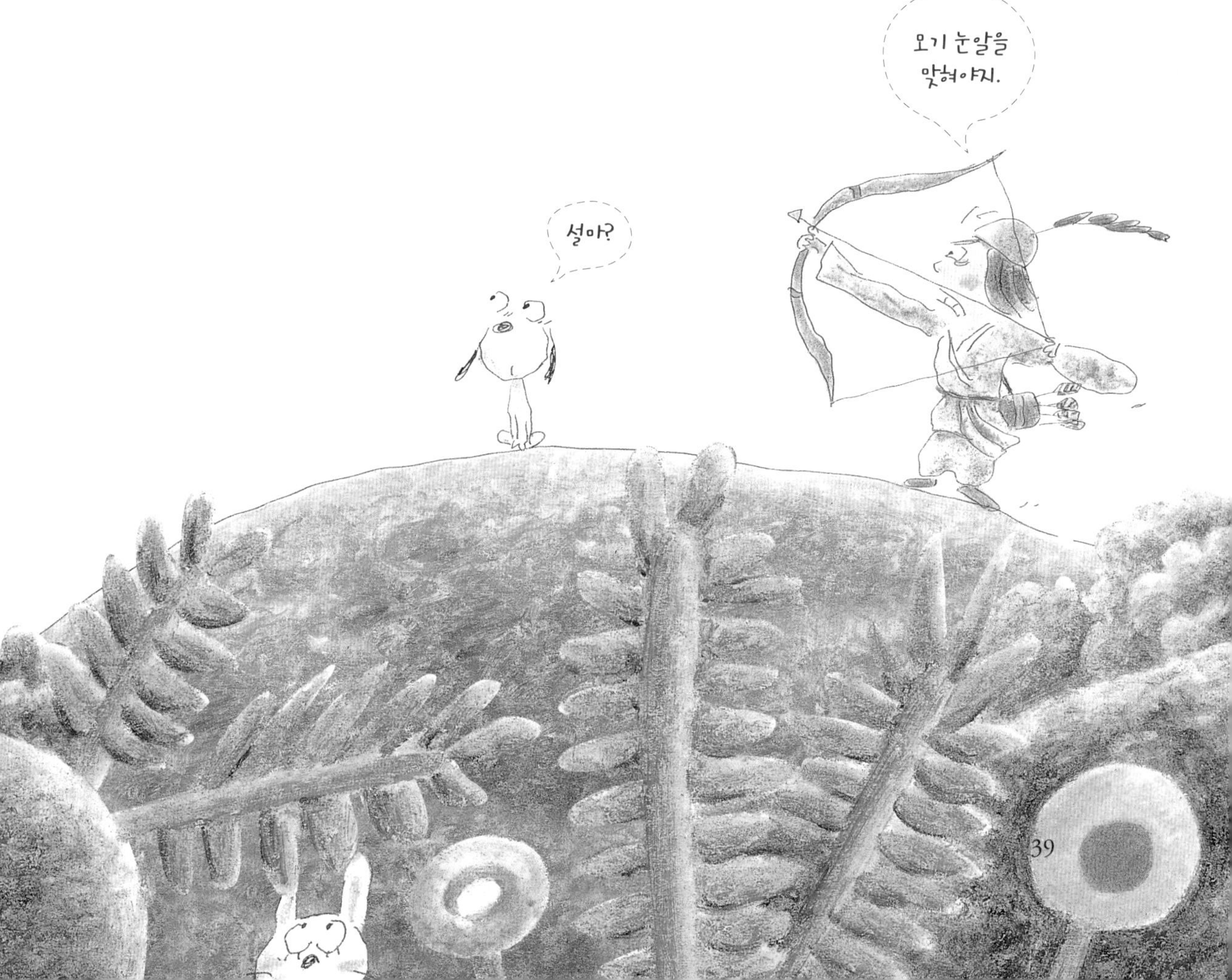

26 백제를 세운 온조는 정말 고구려의 왕자였나요?

백제를 세운 온조는 주몽의 아들이었어요. 고구려의 왕자가 고구려를 떠나 따로 나라를 세운 데에는 이유가 있답니다.

주몽은 부여에서 도망 나오기 전에 이미 결혼을 했어요. 그런데 급하게 도망치느라 아이를 밴 부인을 데리고 오지 못했어요. 부여에 남은 부인은 유리라는 아들을 낳았지요.

고구려를 세운 주몽은 다시 결혼을 해서 비류와 온조라는 아들을 낳았어요. 그런데 부여에서 태어난 유리가 찾아오자, 주몽은 유리에게 왕의 자리를 물려주려고 했어요. 갑자기 나타난 형에게 왕의 자리를 빼앗기게 된 비류와 온조는 남쪽으로 내려가서 각자 다른 나라를 세웠지요. 이렇게 해서 고구려의 왕자인 온조는 백제를 세우고 왕이 되었답니다.

27 백제를 처음 만들 때 이름이 '십제'였던 이유는 무엇인가요?

처음에 온조가 나라를 만들 때에는 나라 이름이 백제가 아니라 '십제'였어요. 십제는 10개 정도의 세력을 모아 나라를 만들었다는 뜻이지요. 그러다가 시간이 갈수록 따르는 사람들이 많아지자 온조는 나라의 이름을 '백제'로 바꾸었어요. 백제라는 이름은 100개 정도의 세력이 온조를 따랐다는 뜻, 혹은 그만큼 많은 백성이 따랐다는 뜻이에요.

28 신라를 세운 사람은 누구인가요?

신라를 세운 시조는 박혁거세예요. 신화에 따르면 박혁거세는 알에서 태어났다고 해요.

사람들이 왕이 없어 나라를 세우지 못하고 있던 어느 날, 우물가에 마치 번개 빛과 같은 이상한 빛이 보였어요. 그 옆에는 흰말이 무릎을 꿇고 있었지요. 사람들이 가까이 가 보니 거기에는 자줏빛 알이 하나 있었어요. 그 알 속에서 나온 사람이 바로 박혁거세예요. 혁거세라는 이름은 몸에서 빛이 나 온 세상이 밝아졌다고 해서 붙은 이름이에요. 그리고 알의 모양이 박과 같이 생겼다고 해서 혁거세의 성은 박이 되었답니다.

29 사람들이 '구지가'라는 노래를 부른 이유는 무엇인가요?

고구려, 백제, 신라의 삼국이 만들어질 때쯤 또 하나의 나라가 생겼어요. 바로 가야랍니다. 가야는 신라와 백제의 사이에 있는 작은 나라였어요. 가야는 한 개의 나라가 아니라 6개로 나누어졌어요. 가야가 생길 무렵의 이야기가 '구지가'라는 노래로 전해져요.

가야 지역에 살던 사람들은 자신들을 다스려 줄 왕을 기다리고 있었어요. 그러던 어느 날 하늘에서 "거북아, 거북아, 머리를 내밀어라, 그렇지 않으면 잡아먹으리."라고 노래를 부르며 춤을 추라는 말이 들려왔어요. 사람들이 그렇게 했더니 하늘에서 황금 알 6개가 내려왔어요. 이 황금 알에서 태어난 6명이 6가야를 세우고 왕이 되었다고 해요.

▲가야의 시조인 수로왕의 왕비 무덤. 경남 김해에 있다.

30 사람이 알에서 태어났다는 것이 사실인가요?

고구려, 신라, 가야의 건국 신화에는 공통점이 있어요. 바로 알에서 태어난 사람이 나라를 세웠다는 것이지요. 그런데 사람이 알에서 태어났다는 신화는 사실이 아니라 지어낸 이야기들이에요. 이러한 건국 신화가 만들어진 데에는 이유가 있답니다.

고구려나 신라, 가야 등의 나라가 세워질 당시에는 이미 많은 부족이 있었어요. 큰 부족의 부족장은 왕과 같은 힘을 가지고 있었지요. 그런 부족장들과 여러 부족을 다스리기 위해서 왕들은 자신이 보통 사람과는 다른 신령한 힘을 가진 존재라는 것을 내세워야 했어요. 그래야 사람들이 우러러보고 잘 따를 테니까요.

이런 이유로 하늘에서 내려온 하느님의 아들이라든지, 알에서 태어났다든지 하는 건국 신화가 만들어지게 되었지요.

그런데 많은 왕이 왜 하필이면 알에서 태어났다고 했을까요? 알을 낳는 동물 중 가장 대표적인 것이 바로 새예요. 옛날 사람들은 하늘을 날아다니는 새를 하늘과 땅을 이어 주는 신령한 동물로 생각했어요. 그래서 알에서 태어난 왕을 새와 같이 하늘과 땅을 연결해 주는 신령한 존재라고 이야기하고 싶었던 것이지요.

이러한 건국 신화는 왕의 힘을 키워 주었을 뿐만 아니라 사람들에게 자기 나라에 대한 자부심을 심어 주는 역할도 했어요. 사람들은 자기 나라의 왕이 하늘에서 내려온 신령한 사람이라는 사실을 무척 자랑스럽게 여겼답니다.

31 우리나라 최초의 사랑 노래를 지은 사람은 누구인가요?

지금까지 전해지는 노래 중에서 가장 오래된 사랑 노래는 주몽의 아들이자 고구려의 두 번째 왕인 유리왕이 지은 '황조가'예요.

유리왕에게는 아내가 두 명 있었어요. 그런데 어느 날 두 아내가 싸움을 하고는 한 명이 고향 집으로 가 버렸어요. 이 소식을 들은 유리왕이 쫓아가 말렸지만 잡을 수 없었지요. 유리왕은 혼자 돌아오는 길에 하늘을 날아가는 꾀꼬리를 보고 다음과 같은 노래를 지었답니다.

펄펄 나는 저 꾀꼬리,
암수 사이좋게 노는데
나는 외롭구나.
이 길을 누구와 함께 돌아갈까.

32 삼국이 서로 전쟁 중에도 지켰다는 규정은 무엇인가요?

고구려, 백제, 신라는 서로 끊임없이 전쟁을 했어요. 그런데 전쟁 중에도 서로 지켰던 일정한 규정이 있었어요. 그것은 특별한 경우가 아니면 농사일로 바쁜 농번기에는 전쟁을 하지 않는 것이었어요. 그래서 봄에 씨를 뿌린 뒤나 가을걷이를 마친 뒤 날을 잡아서 전쟁을 했지요.

전쟁을 하다가도 바쁜 농사철이 시작되면 전쟁을 멈추고 농사를 짓기도 했어요. 농사를 망치면 전쟁을 할 수 없는 것은 물론이고 다 함께 굶어 죽기 때문이었답니다.

33 이의 수가 많아서 왕이 된 사람이 있다고요?

신라의 두 번째 임금인 남해가 죽자 뒤를 이어 왕이 될 만한 사람은 아들인 유리와 사위인 탈해였어요. 두 사람 중 누가 왕이 될지 고민하고 있을 때 탈해가 한 가지 제안을 했어요.

"능력이 뛰어나고 지혜가 많은 사람은 이가 많다는 말을 들었습니다. 떡을 물어 잇자국이 많은 사람이 왕이 되기로 합시다."

이렇게 해서 두 사람이 떡을 물어 보니 유리의 이가 더 많았어요. 그래서 유리가 왕이 되었답니다. 당시 신라에서는 임금을 왕이라고 하지 않고 '이사금'이라고 했어요. 이사금이라는 말은 '이가 많은 사람'이라는 뜻이에요.

34 추석은 언제부터 생긴 명절인가요?

추석은 삼국 시대 때 신라에서 시작되었어요. 신라의 세 번째 임금인 유리왕은 농사와 옷감 짜는 일을 발전시키려고 했어요. 그래서 해마다 여자들을 두 패로 나누어 *길쌈 시합을 시켰지요.

▲ 전국민속예술경연대회에서 여자들이 길쌈 놀이를 하는 모습

여자들은 음력 7월 16일부터 밤늦도록 길쌈을 했어요. 그리고는 음력 8월 15일이 되면 그동안 짠 옷감의 양으로 이긴 쪽과 진 쪽을 가렸어요. 시합에서 진 사람들은 이긴 사람들에게 술과 음식을 대접했어요. 사람들은 마음껏 먹고 노래하고 춤을 추며 놀았어요. 이것을 '가배', 혹은 '한가위'라고 불렀지요. 이 한가위가 바로 오늘날 추석의 시작이랍니다.

*****길쌈** 실을 내어 옷감을 짜는 모든 일을 통틀어 이르는 말.

35 땅도 좁은 가야가 어떻게 신라와 백제를 공격할 수 있었나요?

가야는 신라나 백제에 비해 땅도 좁고 농사도 발달하지 않은 나라였어요. 그런데도 가야는 계속해서 백제와 신라를 공격했어요. 그렇게 할 수 있었던 이유는 바로 가야에 철로 만든 무기가 발달되어 있었기 때문이랍니다.

당시 철은 도구와 무기를 만드는 데 가장 중요한 재료였어요. 철을 다루는 기술이 뛰어나고 많은 철을 가지고 있어야 힘 있는 나라가 될 수 있었지요. 그 당시 철을 만드는 기술은 중국의 한나라가 가장 뛰어났어요.

한나라가 중국의 큰 나라가 될 수 있었던 것도 바로 철로 만든 무기 덕분이었지요. 그런데 한나라는 철로 만든 무기를 팔지 않았고, 철을 만드는 기술을 알려 주지도 않았어요. 이 때문에 고구려나 백제는 한나라와 가까이 있었지만 철을 만드는 기술을 익히는 데 많은 어려움이 있었어요.

▲가야의 철로 만든 갑옷과 투구 (국립중앙박물관)

그런데 가야는 그때 이미 철로 훌륭한 농기구와 무기를 만들 수 있는 기술을 가지고 있었어요. 한나라와 일본에까지 수출할 정도로 많은 철기를 만들었지요. 그래서 가야를 '철의 왕국'이라고 불러요. 가야는 이렇게 발달한 철로 만든 무기를 가지고 신라나 백제와 힘을 겨룰 수 있었답니다.

36 삼국 시대의 왕들도 고려나 조선의 왕들처럼 힘이 강했나요?

삼국 시대 초기 왕들의 힘은 그다지 강하지 못했어요. 그 이유는 나라를 세울 때 여러 세력의 도움을 받았고, 그 세력의 힘이 강했기 때문이에요.

여러 세력은 저마다 군사를 거느리고 있었어요. 그래서 왕이 직접 지휘할 수 있는 군대는 그리 많지 않았지요. 그러다 보니 왕은 중요한 일을 결정할 때면 여러 세력의 허락을 받아야만 했어요.

또 큰 전쟁이 나면 왕은 전쟁터에 나

가 직접 싸워야 했어요. 여러 세력이 자신을 따르게 하려면 전쟁터에서 용맹함을 보여 주어야 했기 때문이지요. 그래서 전쟁에 져서 쫓겨 다니기도 했고, 고구려의 고국원왕처럼 전쟁터에서 죽기도 했답니다.

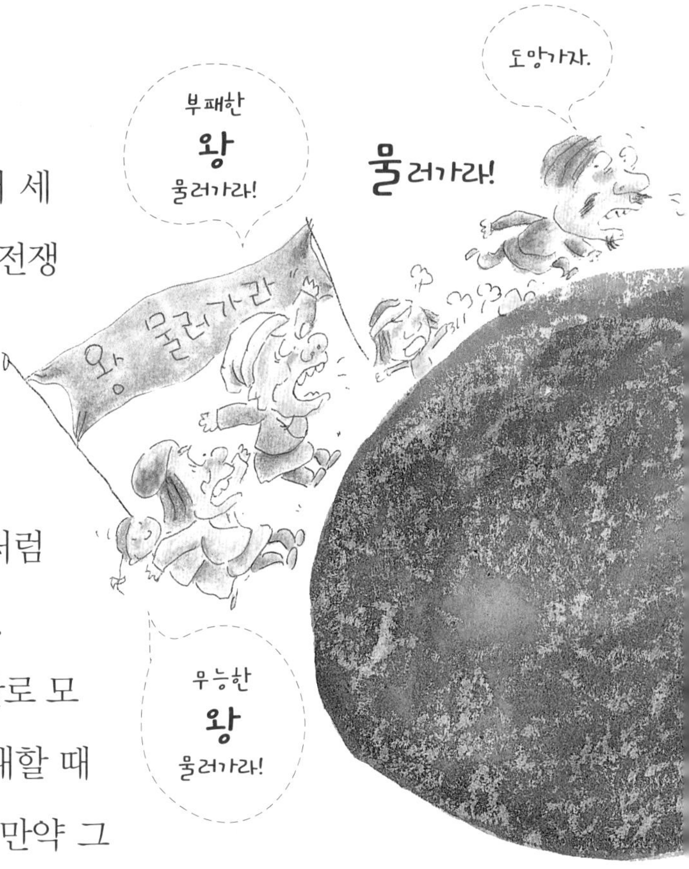

이 밖에도 왕은 검소한 생활로 모범을 보여야 했고 백성들을 대할 때도 자비롭게 대해야 했어요. 만약 그렇지 못하면 쫓겨나기도 했지요.

하지만 삼국 시대의 왕들은 힘을 키우기 위해서 끊임없이 노력했어요. 먼저 관리들을 자신이 믿을 수 있는 사람들로 임명했어요. 그리고 귀족들이 군사를 모으고 세금을 거두어들이는 것을 막기도 했답니다.

37 왕과 황제는 어떻게 다른가요?

왕이라는 말은 원래 중국에서 생겨난 말이에요. 중국의 황제를 '천자'라고 해요. 천자는 중국 전체의 임금이었지요. 그런데 황제의 힘이 약해지자 여러 지방에서 자신의 영토를 다스리는 사람들이 생겨났어요. 이들은 스스로를 높여 '왕'이라고 불렀어요. 그 뒤부터는 중국의 황제가 왕을 임명해 한 지역을 다스리게 했지요. 그러니까 왕은 황제 밑에서 어떤 한 지역을 다스리는 직책이었어요.

고구려와 백제의 임금들도 왕이라는 말을 썼어요. 그렇다면 고구려나 백제의 왕들도 중국 황제가 임명했을까요? 그렇지는 않았답니다.

38 아버지의 성이 아니라 어머니의 성을 따른 적도 있었나요?

우리는 아버지의 성을 따라 아버지가 김 씨면 아들도 김 씨가 되는 것을 당연하다고 여기지요. 그런데 옛날에는 어머니의 성을 따른 적도 있답니다.

가야의 시조인 수로왕은 김 씨였고 부인은 허 씨였어요. 수로왕에게는 10명의 아들이 있었어요. 그런데 8명만 아버지의 성을 따라 김 씨가 되었어요. 나머지 2명은 어머니의 성을 따라 허 씨가 되었지요. 이것이 어머니의 성을 따른 최초의 예예요.

그리고 옛날에는 왕이 공을 세운 신하들에게 성을 만들어 주기도 했어요. 신하들은 왕이 내려준 성을 받는 것을 무척 큰 영광으로 생각했어요.

39 노비들이 전쟁터에 나가지 않은 이유는 무엇인가요?

옛날 사람들은 지금처럼 평등하게 살지 못했어요. 귀족들은 나라에서 땅과 노비를 받아 평생 일하지 않아도 배불리 먹고살 수 있었는가 하면, 노비는 평생 힘들게 일만 하고 아무런 대접도 받지 못했지요. 노비는 남자 종을 일컫는 '노'와 여자 종을 일컫는 '비'를 합친 말로, 가장 비참한 대우를 받은 사람들이었어요.

노비는 사람이라기보다는 소나 돼지 같은 취급을 받았어요. 전쟁에서 공을 세운 귀족들은 상으로 노비를 받기도 하고, 물건처럼 사고팔기도 했어요. 심지어 주인이 죽으면 살아 있는 노비를 함께 묻기도 했어요.

그러면 어떤 사람들이 노비가 되었을까요? 먼저 전쟁에 져서 잡

힌 포로들이 노비가 되었어요. 죄를 지어 노비가 되는 경우도 있었지요. 다른 사람을 죽이면 사형을 당했지만 도둑질 등과 같은 죄를 지으면 노비가 되었어요. 남에게 곡식이나 옷감을 빌리고 갚지 못한 사람도 노비가 되었어요. 그래서 가난한 사람들이 노비가 되는 경우가 많았어요. 노비가 낳은 자식들도 모두 노비가 되었고요.

노비들은 전쟁에 나가지 않았어요. 농민이나 장사꾼 등은 전쟁터에 끌려가도 노비들은 전쟁에 나가 싸우지 않았지요. 그 이유는 노비를 주인의 재산으로 여겼기 때문이에요. 노비들이 전쟁에 나가 싸우다 죽으면 주인의 재산이 줄어들기 때문에 주인들이 전쟁에 내보내지 않았던 것이지요.

40 옛날에 일반 백성들은 왜 흰옷을 입었나요?

드라마나 영화에서 보면 옛날 왕이나 높은 벼슬자리에 있는 사람들은 색깔이 있는 옷을 입지만, 일반 백성들은 대부분 흰옷을 입는 것을 볼 수 있지요. 그 이유는 신분에 따라 입을 수 있는 옷 색깔이 달랐기 때문이랍니다.

백제는 벼슬에 따라 옷 색깔이 달랐어요. 왕과 벼슬이 가장 높은 관리는 자주색, 그다음은 붉은색, 그다음은 푸른색, 신분이 가장 낮은 사람은 흰색 옷을 입었지요. 이렇게 벼슬이나 신분에 따라서 입을 수 있는 옷의 색깔이 다른 것은 고구려나 신라도 마찬가지였어요. 삼국 시대에는 일반 백성들은 물감 들인 옷을 입을 수 없었답니다.

41 용맹하고 씩씩한 나라 고구려가 항복한 적도 있었나요?

우리 역사상 가장 강력한 나라였던 고구려는 수많은 전쟁을 치렀지만 항복한 적은 단 한 번뿐이었어요.

342년 중국의 연나라가 고구려에 쳐들어왔어요. 당시 중국에서 고구려로 들어오는 길은 두 갈래였어요. 고구려는 북쪽 길을 튼튼히 지켰지만 연나라는 남쪽으로 돌아 궁궐로 쳐들어왔어요. 뒤늦게 북쪽에 있던 군사들이 내려왔지만 이미 때는 늦었지요. 연나라 군사들은 고국원왕의 아버지인 미천왕의 무덤을 파헤쳐 시체를 실어 가고, 어머니까지 잡아가 버렸어요. 고국원왕은 아버지 시신과 어머니를 되찾아와야 했고, 그러기 위해서는 항복할 수밖에 없었어요. 이것이 고구려가 연나라에 항복한 이유였답니다.

42 삼국은 서로 싸우기만 한 것이 아니라 돕기도 했나요?

우리는 한민족…

삼국은 서로 끊임없이 싸웠어요. 하지만 늘 싸우기만 한 것은 아니랍니다. 외부의 침입이 있을 때에는 군사를 보내 도와주기도 했어요. 125년 중국의 말갈이 신라에 침입해 오자 백제는 구원병을 보내 신라를 구해 주었어요. 그리고 고구려의 광개토 대왕은 신라에 침입한 왜구를 무찔러 주기도 했답니다.

삼국 중 한 나라의 힘이 지나치게 강해지면 나머지 두 나라가 힘을 합치기도 했어요. 백제가 강해지면 고구려와 신라가 힘을 합쳤고, 고구려가 강해지면 백제와 신라가 힘을 합쳐 싸웠지요.

올해 우리는 흉년인데 쌀 좀 꾸어 주시오. 다음 해에 꼬~옥 갚을게.

43 나라에서 최초로 만든 학교는 무엇이었나요?

나라에서 만든 최초의 학교는 고구려에서 만든 태학이었어요. 태학은 아무나 다닐 수 있는 학교가 아니었어요. 태학에 들어갈 수 있는 것은 귀족의 자녀들뿐이었지요.

나라에서는 이들을 교육시켜 나라의 관리로 임명했어요. 그러다 보니 나라의 관리는 모두 귀족의 자녀일 수밖에 없었답니다.

태학에서는 학문만 배운 것이 아니라 말 타기와 활쏘기와 같은 무예도 배울 수 있었어요.

귀족의 자녀가 아닌 고구려의 일반 백성들은 경당이라는 곳에서 책을 읽고 무예를 배웠어요.

44 삼국 시대에 끊임없이 전쟁이 일어난 이유는 무엇인가요?

삼국 시대에는 끊임없이 전쟁이 일어났어요. 삼국뿐만 아니라 중국이나 일본과의 전쟁도 많이 일어났지요.

전쟁은 큰 피해를 불러와요. 전쟁이 일어나면 수많은 사람이 죽거나 다치고, 집과 농작물이 불타고 농사를 지을 수도 없게 되지요. 전쟁이 일어나면 15세가 넘은 남자들은 전쟁터로 끌려가야 했어요. 또 전쟁이 없을 때면 강제로 동원되어 전쟁에 대비해 성을 쌓는 등 힘든 일을 해야 했지요.

이처럼 전쟁으로 가장 큰 피해를 입는 것은 바로 백성들이었어요. 백성들은 아무도 전쟁을 원하지 않았지요. 그렇다면 누가, 무엇 때문에 전쟁을 일으켰을까요?

전쟁을 해서 이익을 얻을 수 있는 사람들은 왕과 귀족들이었어요. 전쟁에서 이기면 땅과 사람 그리고 식량, 가축, 보물 등을 얻을 수 있었거든요. 왕은 전쟁으로 자신이 다스리는 땅을 넓힐 수 있었고, 귀족들과 장수들은 전쟁에서 이기면 땅과 포로를 상으로 나누어 받았어요.

더러는 큰 공을 세운 군사에게 벼슬과 땅을 주기도 했지만, 대부분의 일반 백성들은 아무것도 받지 못했어요. 즉, 왕과 귀족들이 땅과 노비 그리고 재산을 얻기 위해서 전쟁을 일으켰던 것이지요.

45 고구려의 장군 온달은 정말 바보였나요?

'온달과 평강 공주' 이야기에 보면 온달이 바보라고 나와요. 이야기 속에 나오는 온달은 실제로 있었던 고구려의 장군이에요. 그러나 온달이 바보였다는 기록은 없답니다. 그와 반대로 온달은 무척 용감하고 뛰어난 장수였다고 해요.

577년 중국이 고구려에 쳐들어온 일이 있었어요. 고구려의 왕은 직접 군사를 거느리고 싸우러 나갔지요. 이때 가장 앞장서서 많은 공을 세운 장군이 바로 온달이에요. 온달은 이 밖에도 여러 전투에서 많은 공을 세웠어요. 신라가 한강 지역을 차지하자 군사를 이끌고 신라군과 싸우러 나선 것도 온달이었어요.

그렇다면 온달이 바보라는 이야기는 어떻게 나온 것일까요? 온달은 귀족이 아니라 평민이었어요. 고구려에서는 귀족이 아니면 아무리 능력이 있어도 출세를 할 수 없었어요. 그러다 보니 온달은 능력은 뛰어났지만 계급이 낮은 졸병일 수밖에 없었지요.

그런데 온달의 능력을 알아본 왕이 온달을 평강 공주와 결혼시켜 사위로 맞이하려고 퍼트린 헛소문이, 바로 우리가 아는 '바보 온달과 평강 공주'라는 이야기일 것이라고 해요.

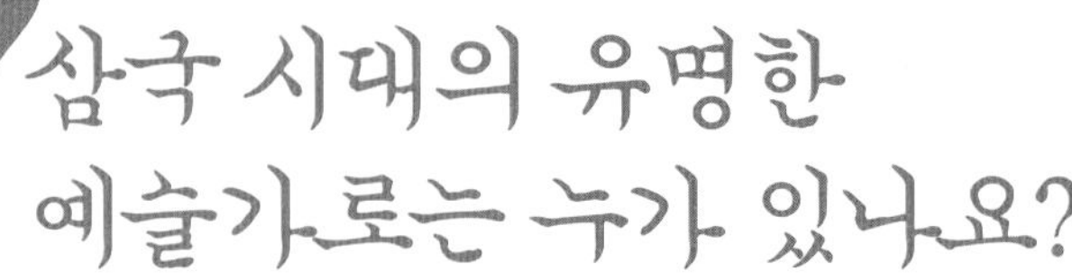

46 삼국 시대의 유명한 예술가로는 누가 있나요?

우리나라 사람들은 예전부터 노래와 춤을 좋아했어요. 고구려에는 거문고, 공후, 비파 등 많은 악기가 있었고, 악기로 연주하는 곡들도 많았지요.

특히 왕산악은 직접 거문고를 만들어 100여 곡을 지어 연주를 했어요. 왕산악이 연주할 때면 검은 학들이 몰려와 춤을 추었다고 해서 거문고를 현학금이라고도 했어요.

신라에는 우륵이라는 훌륭한 음악가가 있었어요. 우륵은 원래 가야 사람이었는데 가야가 신라에게 멸망하기 전 신라로 온 사람이었어요. 우륵은 중국의 악기를 참고해서 신라의 가실왕과 함께 가야금이라는 새

로운 악기를 만들었어요. 우륵이 만든 가야금은 거문고, 비파와 함께 우리나라 3대 전통 현악기로 손꼽혀요.

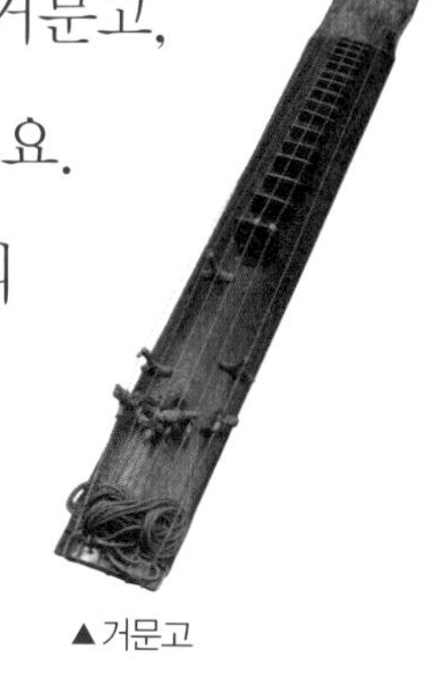
▲거문고

미술가로는 담징과 솔거가 유명했어요. 신라의 황룡사라는 절은 솔거의 그림으로 유명한 절이에요. 솔거가 황룡사 벽에 소나무를 그렸는데 이 소나무가 얼마나 진짜 같았는지, 까마귀와 참새가 날아와 앉으려다 벽에 부딪혀 떨어질 정도였다고 해요.

이 밖에 삼국 시대의 건축물들은 불교와 관련이 많아요. 그래서 절과 탑이 주로 만들어졌지요. 미륵사, 정림사, 선암사, 법주사, 통도사 등이 이 시대에 세워진 절들이에요.

▲우리나라 3대 사찰의 하나로, 삼국 시대에 세워진 경상남도 양산의 통도사

47 일본에 학문과 문화를 가르쳐 준 것은 정말 우리나라 사람들이었나요?

일본에 학문과 문화를 전해 준 나라는 바로 우리나라예요. 백제와 신라, 고구려는 일본에 많은 것을 가르쳐 주었어요.

일본과 교류가 많았던 백제는 일본에 학자들을 보내 글자와 학문을 가르쳐 주었고, 기술자들을 보내 집 짓는 법, 옷 만드는 법, 저수지와 농기구 만드는 법 등 많은 기술도 가르쳐 주었어요. 특히 왕인은 《천자문》과 《논어》와 같은 책을 들고 일본에 가서 글자와 학문을 가르쳐 주어 일본 왕자의 스승이 되기도 했어요. 그래서 일본은 백제를 '큰 나라'라고 부르며 받들고 섬겼어요.

백제뿐만 아니라 고구려와 신라도 일본에 많은 것을 전해 주었어요. 세계적으로 유명한 일본의 호류 사라는 절은 백제를 비

롯해서 고구려와 신라에서 건너간 사람들이 지은 절이에요. 이 절에 있는 뛰어난 불상이나 공예품도 대부분 백제 사람들이 만든 것이지요. 그중에서도 일본이 자랑하는 호류 사의 벽화를 그린 사람은 고구려 사람인 담징이랍니다.

▲고구려 사람인 담징이 그린 호류 사의 금당벽화

백제, 고구려, 신라가 문화를 전해 주기 전까지 일본에서는 왕도 풀이나 널빤지로 만든 집에서 미개인처럼 살았어요. 물론 글자나 학문도 몰랐지요. 삼국의 도움으로 일본 문화는 크게 발전할 수 있었답니다.

48 신라의 화랑도가 지켜야 할 다섯 가지는 무엇이었나요?

540년에 신라의 왕이 된 진흥왕은 한강을 차지하고 함경도까지 영토를 넓히는 것은 물론, 가야까지 정복했어요. 이렇게 나라의 땅을 넓히고 힘이 강해지자 신라는 훌륭한 인재를 모을 방법을 찾았어요. 이때 만들어진 것이 바로 화랑도예요.

'화랑'은 '꽃다운 젊은이'라는 뜻이에요. 화랑은 무리의 지도자이면서 책임자였어요. 화랑 밑에는 많은 젊은이가 모였는데 이들을 '낭도'라고 해요. 화랑과 낭도를 합쳐서 '화랑도'라고 했지요. 화랑도는 학문과 무예를 닦던 모임이었어요. 이들은 노래와 춤을 즐기고 전국을 여행하면서 견문을 넓혔지요. 그러다가 전쟁처럼 나라에 큰일이 생기면 용감하게 앞장서서 달려나갔어요.

화랑도 중에서도 능력이 뛰어난 사람은 나라에서 벼슬을 내려 관리로 임명했어요. 화랑도는 신라가 삼국을 통일하는 데 있어서 중요한 역할을 했지요. 유명한 김유신이나 관창, 원술 등도 화랑도 출신이었어요.

화랑도는 다음과 같은 다섯 가지 계율을 반드시 지켜야 했답니다.

첫째, 임금에게 충성하라.
둘째, 부모에게 효도하라.
셋째, 믿음으로 친구를 사귀어라.
넷째, 싸움터에서는 물러서지 마라.
다섯째, 살아 있는 것을 함부로 죽이지 마라.

49 신라의 화랑들이 화장을 했다고요?

신라의 화랑들은 남자인데도 화장을 했어요. 그 이유는 예쁘고 아름답게 보이기 위해서가 아니었어요.

화랑은 수많은 낭도들을 지휘해야 했어요. 그러기 위해서는 그들과 다른 권위와 힘을 보여 주어야 했지요. 그래서 생각해 낸 것이 화장을 하는 것이었어요. 화장을 하면 다른 낭도들과 쉽게 구별이 되기 때문이었지요. 그러니까 화랑이 화장을 한 이유는 다른 낭도들과 다르게 보여 자신의 위엄과 권위를 나타내기 위해서였어요.

50 신라에만 여왕이 있었던 이유는 무엇인가요?

고구려나 백제는 물론이고 중국에서도 여자가 왕이 된 적은 없었어요. 예전에는 여자가 왕이 되는 것을 인정하지 않았거든요. 그런데 신라에는 여왕이 있었어요. 바로 선덕여왕과 진덕여왕이에요.

신라에 여자 왕이 있었던 것은 여자의 지위가 높아서가 아니라 골품제 때문이었어요. 골품제는 신라의 신분 제도예요. 신라에서는 태어날 때의 신분에 따라서 벼슬뿐만 아니라 결혼, 옷차림, 집 등 모든 것이 정해졌어요. 이 골품제에 따라 아버지와 어머니가 모두 왕족인 성골만이 왕이 될 수 있었지요. 그런데 진평왕은 딸들만 남겨 놓고 죽었어요. 남자 성골이 없었기 때문에 여자 성골인 선덕이 왕이 될 수밖에 없었지요. 선덕여왕은 자식을 낳지 못했어요. 그래서 선덕여왕이 죽자 당시 살아 있던 유일한 성골인 사촌 진덕이 뒤를 이어 여왕이 되었답니다.

51 을지문덕의 살수대첩은 어떤 전투였나요?

고구려는 처음 만들어졌을 때부터 중국과 끊임없이 싸우며 땅을 넓혀 갔어요. 중국과 벌인 수많은 전투 중에서도 가장 빛나는 전투가 바로 살수대첩이에요.

589년 수나라가 중국을 통일하자 주위의 모든 나라가 수나라에게 고개를 숙였지요. 그러나 고구려만은 복종하지 않고 오히려 수나라를 공격했어요. 이를 괘씸하게 여긴 수나라는 612년 113만 명의 대군을 거느리고 고구려로 쳐들어왔어요.

수나라는 고구려를 금방 정복할 수 있을 줄 알았어요. 그러나 고구려는 그렇게 만만한 나라가 아니었지요. 고구려와 수나라의 전쟁은 몇 달 동안 계속되었어요.

고구려의 을지문덕은 계속 도망치는 척하면서 수나라 군대를 청천강 부근까지 끌어들이는 작전을 썼어요. 수나라 군사들은 자기들이 이긴 줄 알고 신이 나서 쫓아왔지요. 수나라 군사들이 어느 정도 쫓아오자 숨어 있던 고구려 군사들이 일제히 공격을 시작했어요. 갑작스러운 공격에 수나라 군사들은 우왕좌왕하며 어쩔 줄 몰랐지요. 강물은 순식간에 수나라 군사들의 피로 물들었어요. 30만 수나라 군사 중에서 살아서 돌아간 군사는 겨우 2,700여 명뿐이었답니다. 이 전투가 바로 살수대첩이에요.

▲을지문덕 장군의 동상

수나라는 그 뒤 2차, 3차에 걸쳐 고구려에 쳐들어왔지만 모두 지고 말았어요. 수나라는 결국 나라를 세운 지 38년 만에 멸망했어요. 수나라가 멸망한 가장 큰 이유는 고구려를 상대로 벌인 무리한 전쟁 때문이었답니다.

52 당나라 태종은 왜 고구려와 싸우지 말라는 유언을 남겼나요?

618년 수나라가 망한 뒤 중국에는 당나라가 들어섰어요. 당나라와 고구려의 관계는 처음에는 평화로웠어요. 그러나 평화는 오래 가지 않았지요. 당나라 임금인 태종은 고구려를 침략할 기회를 호시탐탐 노렸어요.

이때 고구려가 신라를 공격하는 일이 있었어요. 공격을 받은 신라는 당나라에 사신을 보내 고구려를 벌해 달라고 부탁을 했어요. 당나라의 태종은 "신라는 우리 당나라를 잘 섬기는 나라이다. 만약 다시 신라를 공격하면 군사를

보내 너희 나라를 치겠다."라며 고구려를 위협했어요. 그러나 고구려는 "신라가 빼앗은 우리의 땅을 되찾는 것일 뿐이다."라며 무시했지요.

그러자 당나라는 645년 고구려로 쳐들어와 여러 성을 함락시키고 마침내 안시성에 다다랐어요. 당나라 군사들은 몇 달 동안 안시성을 공격했지만 도저히 함락시킬 수 없었어요. 9월이 되자 날씨가 추워진 데다 식량마저 바닥나고 말았지요. 이길 가능성이 없다는 것을 깨달은 당 태종은 군사를 되돌릴 수밖에 없었지요. 안시성이라는 작은 성이 당나라의 대군을 물리친 거예요.

그 뒤 당나라 태종은 여러 번 고구려를 공격했지만 번번이 실패했어요. 그래서 죽으면서 "고구려와 싸움을 멈추고 앞으로도 고구려와는 싸우지 마라."라고 아들에게 유언까지 남겼다고 해요.

53 신라는 어떻게 당나라와 동맹을 맺을 수 있었나요?

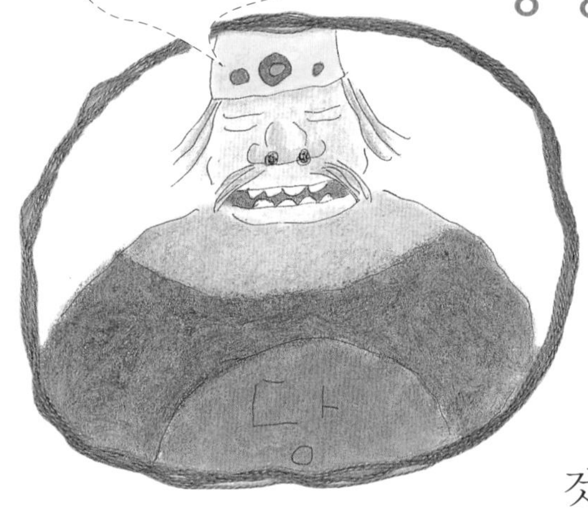

신라는 삼국 중에서 가장 늦게 생겼고 힘도 가장 약했어요. 그런데도 신라가 삼국을 통일할 수 있었던 데에는 당나라와 동맹을 맺었던 것이 큰 역할을 했어요.

당시 신라는 120년 동안 이어졌던 백제와의 동맹을 깨고 백제를 공격해 한강 유역을 차지해 버렸어요. 백제는 한강 유역을 되찾기 위해 계속 신라를 공격했지요. 백제의 공격에 견디다 못한 신라는 당나라를 찾아가 제안했어요.

"우리가 동맹을 맺어 백제를 먼저 멸망시킨 다음 고구려를 공격하자."

고구려와의 전쟁에서 번번이 지던 당나라는 신라의 제안을 받아들였어요. 당나라는 신라에게 이렇게 약속했어요.

"고구려와 백제를 멸망시키면 백제 땅과 평양의 남쪽을 신라에게 주겠다."

이 말은 드넓은 고구려 땅 대부분은 당나라가 차지하고 좁은 한반도 남쪽만 신라에게 주겠다는 것이었지요. 그런데도 신라에서는 왕이 직접 당나라 황제를 찬양하는 글을 보내고 당나라를 섬기겠다고 했어요.

뿐만 아니라 신라와 당나라의 연합군을 지휘할 수 있는 지휘권도 모두 당나라에게 있었어요. 또한 전쟁을 하는 동안 당나라 군사들의 식량이나 옷 등을 모두 신라에서 제공해 주어야 했어요. 신라는 이렇게 불합리한 조건으로 당나라와 동맹을 맺어야만 했답니다.

54 첨성대는 왜 만들어졌나요?

옛날에는 자연재해가 사람의 잘못 때문에 생긴다고 생각했어요. 흉년이나 전염병도 사람들이 잘못해서 하늘에서 벌을 내리는 것이라고 생각했지요.

그리고 *일식, 달무리, 이상한 별이 나타나면 나라에 전쟁이나 흉년, 돌림병 등의 재앙이 온다고 생각했어요. 그래서 천문대를 만들어 자연현상을 관찰했지요. 오늘날 과학자들은 첨성대도 별을 관찰하는 천문대였을 것이라고 추측하고 있어요. 하지만 첨성대가 정확히 왜 만들어졌는지는 아직 밝혀지지 않고 있어요.

*__일식__ 달이 태양의 일부나 전부를 가리는 현상.

▲천문대였을 것으로 추측되는 첨성대

55 백제의 마지막 왕은 누구였나요?

백제의 마지막 왕은 의자왕이에요. 의자왕은 처음에는 훌륭한 왕이었어요. 무척 효자였고 형제들과도 우애 있게 지내며 궁궐의 화목을 다졌어요.

▲의자왕을 모시던 3천 궁녀가 몸을 던졌다는 낙화암

지방을 자주 다니면서 백성들의 어려움을 살피고 억울한 죄수들을 풀어 주어 백성들에게도 존경을 받았지요. 또한 신라를 공격하는 등 과감하고 결단력 있는 왕이었어요.

그러나 왕이 된 지 15년이 지나면서부터 술에 빠져 사치스럽고 방탕하게 세월을 보내게 되었어요. 그뿐 아니라 바른 충고를 하는 신하들을 감옥에 가두어 버렸지요. 결국 의자왕은 백성들의 믿음과 존경을 잃고 나라도 갈수록 허약해졌답니다.

56 계백 장군이 전쟁에 나가기 전 부인과 자식을 죽인 이유는 무엇이었나요?

660년 당나라와 신라의 연합군이 백제에 쳐들어오고 있는 순간에도 백제의 궁궐에서는 대비는커녕 우왕좌왕하고 있었어요. 성충이라는 충신이 적을 막을 수 있는 방법을 의자왕에게 아뢰었지만 받아들여지지 않았지요. 그 사이 신라와 당나라의 군대는 이미 백제 땅으로 들어와 버렸어요.

의자왕은 결사대 5천 명을 뽑아 계백에게 주고 신라 군대와 싸우게 했어요. 계백은 5천 명으로는 5만 명이 넘는 신라 군사를 이길 수 없다는 것을 알았어요. 백제가 멸망할 것도 알고 있었지요. 그래서 "적의 노예가 되어 욕되게 사느니 죽는 것이 낫다."라며 아내와 자식을 자신의 칼로 베고 전쟁터로 떠났어요.

비장한 각오로 싸움터에 나간 계백과 5천 결사대는 황산벌에서 신라의 5만 군대를 상대로 용감하게 싸웠어요. 신라의 군대는 여러 차례 싸웠지만 쉽게 이길 수 없었지요.

이때 16세였던 화랑 관창이 혼자서 백제의 진영으로 뛰어들었어요. 계백은 나이 어린 관창의 용기를 칭찬하고 풀어 주었지요. 그러나 관창은 다시 돌격해 왔어요. 계백은 이번에는 관창의 목을 베어 신라군에게 돌려보냈어요. 계속 풀어 줄 수는 없었기 때문이에요.

▲계백 장군의 위패와 영정

나이 어린 관창의 죽음에 자극을 받은 신라 군대가 맹렬히 진격해 왔어요. 백제군은 용감히 싸웠지만 많은 수의 신라 군사를 당해낼 수는 없었지요. 결국 계백은 여기서 군사들과 함께 죽었어요.

계백이 전투에서 진 뒤 백제의 의자왕은 당나라와 신라에 항복을 하고 말았어요.

57 멸망한 백제를 다시 세우려고 한 사람은 누구인가요?

백제의 의자왕은 항복했지만 백제의 모든 백성이 항복을 한 것은 아니었어요. 많은 백성이 항복하기에는 너무 이르다며 다시 백제를 세우려고 했지요.

의자왕의 사촌인 복신과 스님인 도침, 백제의 장군인 흑치상지 등은 의자왕의 항복을 인정하지 않았어요. 이들은 백제 부흥군을 만들어 계속해서 싸웠어요. 백성들도 몰려들어 부흥군의 힘은 갈수록 커졌지요. 부흥군은 일본에 있던 의자왕의 아들을 새로운 왕으로 삼고 새로운 백제를 세웠어요.

신라군은 백제 부흥군을 공격했지만 한 번도 이기지 못했어요. 싸움에서 계속 이긴 부흥군은 백제의 땅을 거의 되찾았어요.

그러나 복신이 자기 명령에 따르지 않는다며 도침을 죽여 버리는 등 백제 부흥군 지도부 안에서 싸움이 일어났어요.

이러한 틈을 타 신라와 당나라 연합군은 부흥군이 있던 주류성을 공격해 복신의 군대를 무너뜨렸어요. 흑치상지가 지키고 있던 임존성도 2개월 뒤에 함락되고 말았지요.

이로써 660년 의자왕이 항복한 뒤 3년 동안 계속되었던 백제 부흥 운동도 끝이 나게 되었어요. 그리고 약 700년 동안 계속되었던 백제도 끝내 역사 속으로 사라지게 되었답니다.

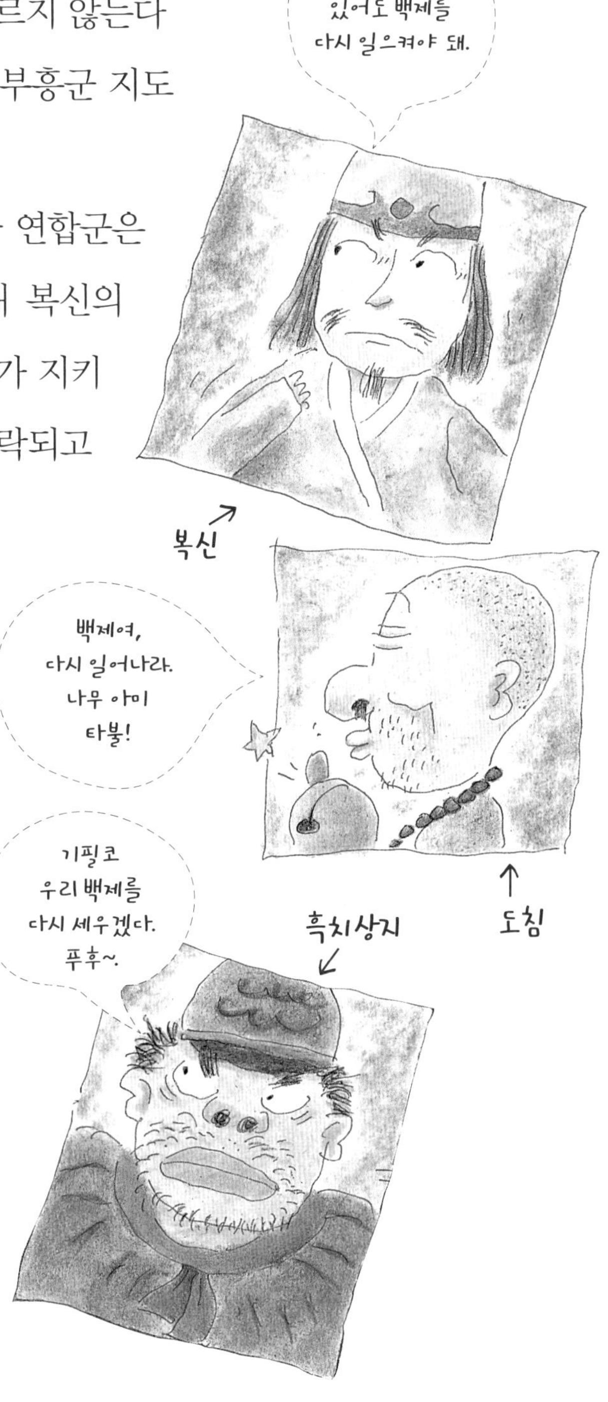

58 강대국이었던 고구려는 왜 멸망하게 되었나요?

고구려는 수나라와 당나라의 침입이 계속 되자 점점 약해졌어요. 그러나 쉽게 무너질 나라는 아니었지요. 고구려가 멸망하게 된 것은 연개소문의 아들 사이에 벌어진 싸움이 가장 큰 이유였어요.

당나라와 전쟁 중에 고구려의 연개소문이 죽었어요. 연개소문은 고구려의 모든 권력을 한 손에 쥐고 당나라와 신라의 공격을 막아 내는 역할을 했지요.

연개소문은 죽으면서 아들들에게 "너희는 절대로 다투지 말고 화목해라."라는 유언을 남겼어요. 모든 권력을 아들들에게 물려주었으므로, 아들들이 서로 싸우면 나라가 망할 것을 알고 있었기 때문이에요.

그러나 연개소문의 세 아들은 서로 권력을 차지하려고 싸웠어요. 맏아들 남생이 지방을 돌아보러 나간

사이에 둘째인 남건이 형의 아들을 죽이고 최고 높은 벼슬에 올랐어요. 그러자 남생은 당나라에 항복하고 자신이 앞장서서 고구려를 공격했어요.

또 연개소문의 동생인 연정토는 12개 성을 이끌고 신라에 항복해 버렸지요. 이렇게 안에서 분열이 생긴 고구려는 결국 668년에 멸망하고 말았어요.

700여 년 동안 동북아시아에서 가장 강한 나라였던 고구려는 이렇게 허무하게 무너지고 말았답니다.

▲강화도에 있는 연개소문 유적비

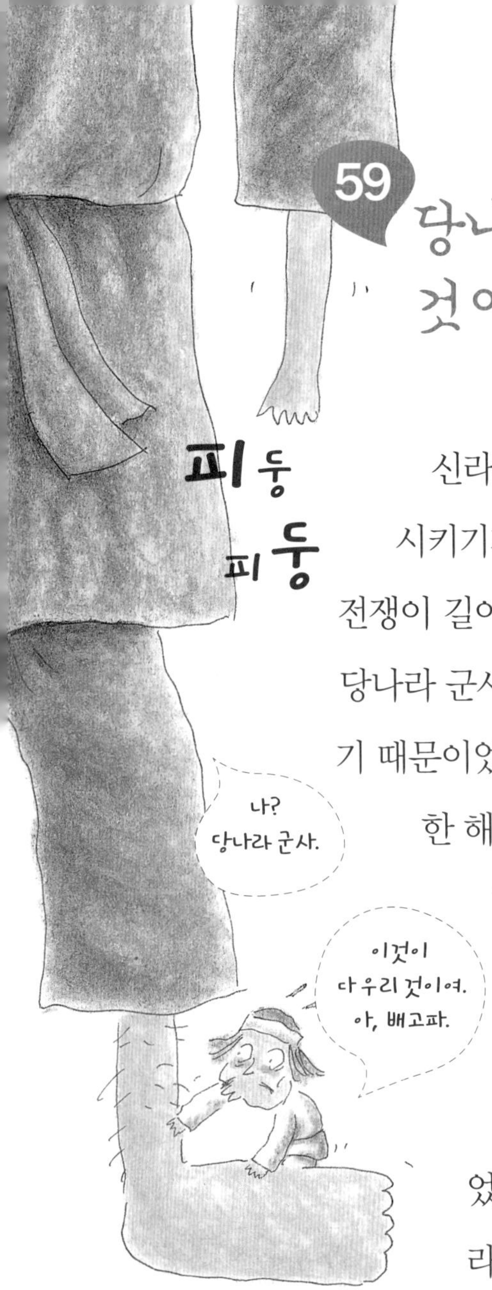

59 당나라 군사의 피와 살을 신라의 것이라고 한 이유는 무엇인가요?

피둥피둥

신라와 당나라의 연합군은 백제와 고구려를 멸망시키기까지 10년이 넘는 긴 전쟁을 치러야 했어요. 전쟁이 길어질수록 어려움을 겪게 된 것은 신라였어요. 당나라 군사들에게 식량과 옷감 등을 계속 공급해야 했기 때문이었지요.

나?
당나라 군사.

이것이
다 우리 것이여.
아, 배고파.

한 해도 거르지 않고 전쟁을 하는 동안 일을 할 만한 남자들은 모두 전쟁에 동원되었어요. 그러다 보니 농사를 제대로 지을 수 없었고, 나라 안의 양식도 거의 바닥이 났지요. 많은 백성이 먹을 것이 없어 굶어 죽었어요. 신라의 백성들은 죽어 가는데도 당나라 군사들이 먹을 식량은 계속해서 공급해 주어야 했지요.

뒤에 신라의 문무왕이 "당나라 군사들은 신라의 곡식을 먹고 살았으니 가죽과 뼈는 중국 땅에서 태어났으나 피와 살은 신라의 것이다."라고 말한 것은 이런 이유 때문이랍니다.

배고파!
밥 줘.
앙앙.

60 동맹을 맺은 신라와 당나라가 싸운 이유는 무엇인가요?

백제와 고구려를 멸망시킨 당나라는 동맹을 맺은 신라까지 공격하려고 했어요. 당나라는 신라와 동맹을 맺을 때부터 한반도 전체를 차지할 속셈을 가지고 있었어요. 나중에 이 사실을 안 신라가 당나라에 사신과 편지를 보내 따졌지만 당나라는 들은 척도 하지 않았지요.

신라는 처음 약속대로 평양 아래쪽의 땅을 차지하기 위해서 당나라와 전쟁을 벌였어요. 이 전쟁에 고구려 사람들과 백제 사람들도 힘을 보탰지요. 결국 수많은 전투 끝에 신라는 676년 당나라 군대를 몰아내고 평양 아래쪽 땅을 차지할 수 있었어요.

61 바다 가운데에 왕의 무덤이 있다고요?

백제와 고구려를 멸망시킨 신라의 문무왕은 죽으면서 다음과 같은 유언을 남겼답니다.

"내가 죽거든 동해 가운데 큰 바위에 장사 지내라. 왜구에게서 나라를 지키는 용이 되겠다."

이 유언에 따라 문무왕의 무덤은 바다 가운데에 자리를 잡았어요. 경상북도 봉길리 앞바다의 바위에 있는 이 왕릉을 '문무대왕릉' 또는 '대왕암'이라고 해요. 이렇게 문무왕이 바다에 왕릉을 만들려고 했던 이유는 두 가지였어요. 하나는 많은 돈을 들여 커다란 왕릉을 만드는 일을 막기 위해서였고, 또 하나는 왜구에 대한 대비를 철저히 하라는 뜻을 전하기 위해서였답니다.

▲해변에서 바라본 문무대왕릉

62 신라가 작은 수도인 5소경을 만든 이유는 무엇인가요?

신라는 통일하고 나서 여러 가지 국가 제도를 만들었어요. 그중 하나가 바로 작은 수도인 '소경'을 만든 거예요.
5개의 소경은 금관경(김해), 중원경(충주), 북원경(원주), 서원경(청주), 남원경(남원)이었어요. 5소경을 만든 이유는 수도인 경주가 너무 아래쪽에 치우쳐 있어서 전국을 효과적으로 다스리기 어려웠기 때문이에요. 그래서 곳곳에 작은 수도를 만든 것이지요. 또 소경은 백제나 고구려 사람들을 옮겨 살게 하고 감시하는 역할도 했어요.

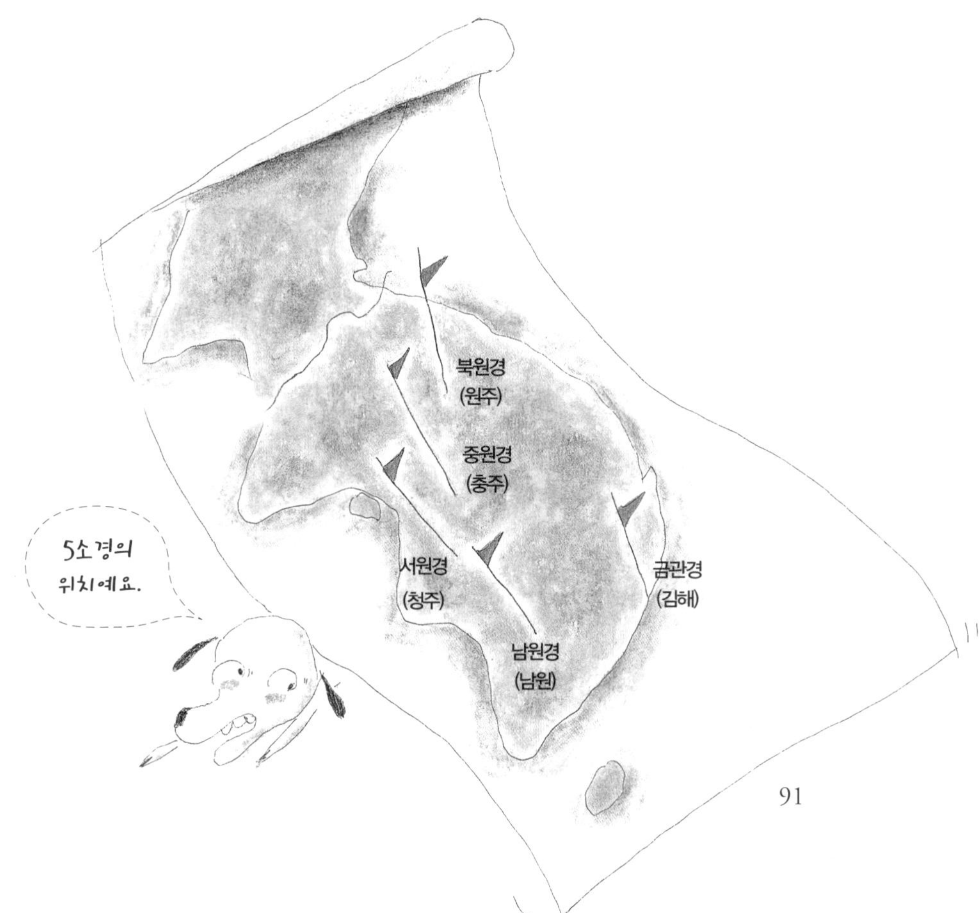

63 고구려가 멸망한 뒤 넓은 고구려 땅은 어떻게 되었나요?

당나라는 고구려를 멸망시킨 뒤 평양에 안동 도호부라는 기관을 설치해 고구려 땅을 지배했어요. 고구려 사람들은 부흥군을 만들어 당나라와 끊임없이 싸우며 고구려를 다시 세우려고 했어요. 그러자 당나라는 고구려 사람들을 강제로 끌고 가서 당나라 변두리로 옮겨 가 살도록 했어요. 그곳에서 고구려 사람들은 심한 차별과 학대를 받으며 비참하게 살아야 했지요.

그러던 중 696년 당나라의 억압에 시달리던 거란족이 반란을 일으켰어요. 당나라에서는 군대를 보내 반란군을 진압했지만 혼란은 계속되었어요.

고구려의 *유민인 대조영은 이렇게 혼란한 틈을 타서 고구려 사람들과 말갈족을 이끌고 고구려 땅으로 돌아왔어요. 대조영은 당나라 군대를 무찌르고 698년 '진국'이라는 나라를 세웠어요. 이 진국이 바로 '발해'예요.

대조영은 발해를 세우면서 이렇게 말했어요.

"이제 새로운 나라가 세워졌다. 우리가 나라를 세운 곳은 옛날 우리 조상 고구려가 지배하던 땅이다. 우리는 고구려의 옛 땅에서 고구려의 전통을 이어 갈 것이다."

새로운 나라 발해가 고구려를 계승한 나라임을 분명하게 밝힌 것이지요. 이로써 고구려가 멸망한 지 30년 만에 고구려의 뒤를 이은 나라가 만들어지게 되었답니다.

※**유민** 망해서 없어진 나라의 백성.

64 통일 신라 시대가 맞나요, 남북국 시대가 맞나요?

우리 역사를 시대순으로 말할 때 흔히 '고조선-삼국 시대-통일 신라 시대-고려 시대-조선 시대'라고 해요. 그러나 이러한 순서가 반드시 옳은 것은 아니에요. 여기에는 발해가 빠져 있기 때문이지요.

발해는 스스로 고구려의 뒤를 이은 나라라고 했어요. 신라에서도 발해를 북쪽에 있는 같은 민족의 나라라는 의미로 '북국'이라고 부르고 사신을 파견했어요.

발해는 220년 동안 신라와 함께 존재했어요. 고구려, 백제, 신라의 세 나라에서 발해와 신라의 두 나라로 된 것이지요.

그런데도 우리 역사에서는 오랫동안 발해를 빼 버렸어요. 고려 시대에 《삼국사기》를 쓴 김부식과 같은 학자도 역사를 정리할 때 아예 발해를 빼고 신라 중심으로만 보았어요. 하지만 발해는 조선 시대 후기에 이르러 주목을 받게 되었어요. 많은 학자가 "고구려와 백제가 망하자 신라가 남쪽을 차지하고 발해가 북쪽을 차지했다. 그러니 마땅히 남국과 북국의 역사가 있었다. 그런데도 지금까지 발해를 역사에서 뺀 것은 잘못이다."라고 주장했지요.

중국은 발해가 당나라의 한 지방이었다고 주장하고 있어요. 그러나 발해는 분명히 우리 민족이 세운 우리의 나라랍니다. 따라서 통일 신라 시대가 아닌, 발해가 있었던 남북국 시대라고 해야 옳아요.

65 발해를 '해동성국'이라고 불렀던 이유는 무엇인가요?

대조영에 이어 왕이 된 발해의 무왕이 가장 신경을 쓴 것은 바로 영토를 넓히는 것이었어요. 발해는 당나라의 보호를 받고 있던 말갈족을 공격해 승리를 거두었어요. 이어서 당나라를 공격했지요. 발해는 순식간에 당나라의 여러 성을 함락시켰어요. 불안해진 당나라는 신라까지 끌어들여 발해를 공격했지요. 그러나 발해는 당나라와 신라의 연합군도 물리쳤어요. 그리고 계속해서 정복 전쟁을 벌여 옛 고구려의 영토를 거의 되찾았지요. 중국의 당나라와 당당히 맞설 수 있는 강대국으로 성장한 거예요.

이후 발해의 10대 왕인 선왕 때는 고구려보다 더 넓은 영토를 차지하게 되었지요. 이때부터 발해는 '동쪽에서 일어난 큰 나라'라는 뜻으로 '해동성국'이라고 불리게 되었답니다.

66 발해 여자들이 질투가 심했다고요?

옛날에는 남자들이 부인을 여러 명 둘 수 있었어요. 그러나 발해는 달랐어요. 한 남자가 한 명의 부인만 둘 수 있었답니다.

발해 여자들은 결혼을 하면 다른 결혼한 여자들과 의자매를 맺었어요. 이렇게 맺어진 의자매들은 남편들을 감시했어요. 그래서 남편이 다른 여자를 만나면 가만두지 않았어요. 이것을 두고 발해 여자들이 질투가 심했다고 말하는 거예요.

하지만 이것은 발해가 다른 나라에 비해 남자와 여자가 평등한 사회였다는 것을 보여 주는 것이기도 하답니다.

67 스님인 원효 대사가 공주와 결혼했다는 것이 사실인가요?

신라의 승려인 원효는 의상과 함께 당나라로 유학을 가다가 밤이 깊어 어느 동굴에서 잠을 잤어요. 그런데 밤에 목이 말라 물을 찾다가 어둠 속에서 바가지에 담긴 물을 아주 시원하게 마셨지요.

다음 날 일어난 원효는 밤에 마신 물이 해골에 담겨 있던 물이라는 것을 알았어요. 구역질을 하던 원효는 '모든 것은 마음에 달려 있다'는 깨달음을 얻고 유학을 가지 않고 신라로 돌아왔어요.

신라에 돌아온 원효는 그때까지 귀족 중심이었던 불교를 백성들에게 알기 쉽게 가르쳤어요. 그리고 일반 스님과는 아주 다른 생활을 했어요. 그 당시 스님들이나 귀족들은 백성들의 어려움은 모른 척하고 자기들끼리만 화려하게 살았어요. 그러나 원효는 절이 아니라 일반 백성들이 사는 집에서 살기도 했고, 술집에서 술을

▲요석 공주와 결혼한 원효 대사

마시기도 했어요. 또 사람들과 함께 춤추고 노래하는 것을 즐겼어요. 사람들은 이런 원효를 허물없는 친구로 받아들이는 한편으로 존경했어요. 원효는 요석 공주와 결혼하여 설총이라는 아들을 낳기도 했어요.

이렇게 백성들과 함께했던 원효는 학문과 사상에도 뛰어났어요. 원효의 사상은 중국에 전파되어 중국과 신라의 화엄종을 만드는 데 주요한 역할을 하기도 했지요.

68 통일 신라 후기에는 왜 반란이 끊이지 않고 일어났나요?

통일 신라 후기에는 귀족들의 반란이 끊임없이 일어났어요. 768년 김대공이 동생 김대림과 함께 반란을 일으켰어요. 반란은 곧 진압되어 김대공과 김대림뿐만 아니라 친척들까지 모두 죽임을 당했지요. 그러나 귀족들의 반란은 여기서 그치지 않았어요.

2년 뒤에는 김융이 반란을 일으켰고, 5년 뒤에는 김염상과 김정문이, 다시 5년 뒤인 780년에는 김지정이 반란을 일으켰어요. 또한 822년에는 김헌창이 반란을 일으켜 나라까지 세우기도 했어요. 이 밖에도 수많은 왕족과 귀족이 반란을 일으켰어요.

통일 신라의 역사는 말 그대로 반란과 반역으로 이어졌지요. 그

래서 왕족이나 귀족이면 누구나 한 번은 왕이 되려고 반란을 일으킨다는 말까지 나올 정도였어요. 이렇게 반란이 많이 일어난 이유는 무엇일까요?

통일 신라 후기에는 귀족들의 힘이 아주 강해졌어요. 이렇게 귀족들의 힘이 강해진 이유는 관리들에게 일한 대가로 토지를 나누어 주었기 때문이에요. 많은 토지에서 나오는 돈으로 귀족들은 군사를 길러 자기의 세력을 키웠어요.

여기에 혜공왕이 8세라는 어린 나이에 왕이 되자 귀족들은 왕을 더욱 무시했어요. 이때부터 귀족들의 반란은 계속되었고 나라는 점점 혼란해졌답니다.

69 해상왕 장보고도 반란을 일으켜 죽었나요?

장보고는 귀족 출신이 아니라 평민 출신이었어요. 그러나 당나라에서 군대의 장교가 될 정도로 능력이 뛰어났지요. 당나라에서 해적들에게 잡혀 와 노예로 팔리는 신라 사람들을 본 뒤, 신라로 돌아온 장보고는 청해진을 만들어 해적들을 모두 없앴어요. 그 뒤 중국, 일본과 무역을 해서 많은 돈을 모았지요.

이때 신라의 수도인 경주에서는 서로 왕이 되겠다고 싸우는 반란이 끊이지 않고 일어나고 있었어요. 청해진에도 왕이 되려다가 밀려난 김우징이 도망쳐 와 있었지요. 김우징은 장보고에게 한 가지 제안을 했어요.

"장군의 군대를 빌려 주시오. 내가 왕이 되면 장군의 딸을 며느리로 삼겠소."

평민 출신이었던 장보고는 김우징의 제안을 받아들였어요.

청해진의 군사들은 경주로 돌격해 들어갔어요. 궁궐의 군사들이 막았지만 상대가 되

◀중국의 적산법화원에 있는 장보고의 동상

▲완도의 장보고 기념관 옆에 있는 작은 섬, 청해진 장도

지 못했지요. 결국 청해진 군사들이 궁궐을 점령하고 김우징이 왕이 되었어요. 그러나 장보고의 딸은 왕비가 되지 못했어요. 김우징의 뒤를 이어 왕이 된 아들이 약속을 어겼기 때문이에요.

그러자 장보고는 분노해서 궁궐을 칠 계획을 세우고 군사들을 훈련시켰어요. 장보고가 군사를 훈련시킨다는 소식을 듣고 신라 왕궁에서는 어쩔 줄 몰랐어요. 장보고의 군대를 막을 자신이 없었거든요. 결국 장보고는 술에 취해 잠든 사이에 궁궐에서 보낸 염장에게 죽고 말았답니다.

70 삼국 중 전쟁을 가장 많이 한 나라는 어디인가요?

삼국 시대에는 전쟁이 약 460여 차례나 있었어요. 약 2년에 한 번 꼴로 전쟁이 일어난 셈이지요. 삼국 중 가장 많은 전쟁을 치른 나라는 신라였는데 모두 174차례나 된답니다. 신라가 가장 많이 싸운 나라는 백제로 70차례나 싸웠어요. 그리고 왜구와 34차례, 고구려와는 28차례에 걸쳐 싸웠지요.

고구려는 총 143차례의 전쟁을 했어요. 백제와 36차례, 신라와 28차례의 전쟁을 치렀고 대부분은 한나라, 수나라, 당나라 등의 중국과 싸웠어요. 백제는 모두 142차례의 전쟁을 치렀는데 신라와 싸운 것이 70차례로 가장 많아요.

71 천재였던 최치원이 벼슬을 버린 이유는 무엇인가요?

통일 신라의 학자이자 문장가인 최치원은 12세에 당나라로 유학을 갔어요. 그리고 18세에 유학생을 대상으로 한 당나라 시험에서 장원 급제를 했지요. 최치원은 *황소의 난을 꾸짖는 글을 써 당나라에서 벼슬까지 받았어요.

하지만 신라로 돌아온 뒤 최치원은 높은 벼슬을 할 수 없었어요. 신라의 신분 제도인 골품제 때문이었지요. 비교적 낮은 귀족에 속했던 최치원은 뛰어난 능력을 가졌음에도 낮은 벼슬을 할 수밖에 없었지요. 그는 귀족들의 괴롭힘에 힘겨워하는 백성들을 보고 올바르게 나라를 다스릴 방법을 왕에게 올렸어요. 그러나 귀족들의 반대로 뜻을 이루지 못했어요. 어느 누구도 자신의 뜻을 받아들여 주지 않자 최치원은 벼슬을 버리고 전국의 산과 바다를 떠돌며 평생을 보냈어요.

*__황소의 난__ 중국 당나라 말기에 소금 장수였던 황소가 스스로 황제가 되고자 일으킨 난.

궁예는 전제 왕권을 만들려다
많은 사람을 죽였어요.
결국 자신의 부인과 자식까지 죽이고
자신의 신하였던 왕건에게
왕의 자리를 빼앗겼죠.

72 후고구려를 세운 궁예는 왜 애꾸가 되었나요?

궁예는 통일 신라의 왕자였어요. 그런데 궁예가 태어날 때 집 위에 무지개와 같은 빛이 하늘로 뻗쳤다고 해요. 그리고 번쩍거리는 이를 가지고 태어났다고 해요. 이것을 본 왕은 나라에 큰 해를 끼칠 아기라며 죽이라고 명령했어요. 어린 궁예는 창밖으로 던져졌는데 유모가 몰래 받아서 살려냈지요. 그런데 유모가 궁예를 받을 때 손가락으로 한쪽 눈을 찌르는 바람에 애꾸가 되었다고 해요.

어른이 된 궁예는 백성들을 괴롭히는 조정에 맞서 싸우기 시작했어요. "백성을 괴롭히는 자가 우리의 적이다!"라고 외치면서 강원도와 경기도를 차지하고 901년에 후고구려를 세웠지요.

통일 신라는 다시 신라, 후백제, 후고구려로 나뉘게 되었어요. 이때를 후삼국 시대라고 한답니다.

73 후백제를 세운 사람은 누구인가요?

신라 말기, 왕과 귀족들은 백성들을 전혀 돌보지 않고 자기 욕심만 채웠어요. 백성들의 삶은 갈수록 어려워졌지요. 먹고살기 힘들어진 백성들은 도적떼가 되는 경우도 많았어요. 신라의 군인이었던 견훤은 이런 모습을 지켜보며 신라에 더는 희망이 없다고 생각했어요. 견훤은 부하들과 농민들을 이끌고 전라도 지역을 점령한 뒤 후백제를 세웠어요.

"이곳은 백제가 찬란한 역사를 꽃피웠던 곳이다. 그런데 신라는 당나라를 불러들여 백제를 멸망시켰다. 나는 이곳에 백제의 뒤를 잇는 후백제를 세워 백제의 한을 풀 것이다."

900년에 견훤이 후백제를 세우자 사람들은 크게 환영했어요. 견훤이 자신들을 괴롭히는 신라 정부를 막아 줄 것이라고 생각했기 때문이었어요.

74 발해는 어떻게 멸망했나요?

동북아시아의 강국이었던 발해는 900년대에 들어오면서 힘이 약해졌어요. 그 이유는 왕족과 귀족의 사치와 잘못 때문이었어요. 왕족과 귀족은 갈수록 사치와 향락에 빠져들었어요. 사치품을 사고 방탕한 생활을 하기 위해서 백성들에게 점점 더 많은 세금을 거두어들였어요. 백성들의 생활은 당연히 어려워질 수밖에 없었지요. 또한 귀족들끼리 더 많은 권력을 차지하기 위한 싸움도 심해졌어요.

이러한 귀족들의 권력 다툼과 사치스러운 생활이 발해를 멸망하게 만든 가장 큰 이유였어요. 결국 발해는 926년 거란에게 멸망하고 말았어요. 고구려의 뒤를 이어 발해를 세운 지 228년 만이었어요.

그러나 왕이 항복을 하고 난 뒤에도 발해의 군사들과 백성들은 고구려나 백제 사람들이 그랬듯이 계속해서 거란과 싸웠어요. 곳

내가 세운
발해가 망하다니….
저 넓고 넓은 땅을 잃었으니
후손들에게
면목이 없구나.

곳에서 발해를 다시 세우기 위한 전쟁이 일어났지요. 발해의 유민들은 정안국, 대원국(대발해국) 등의 나라를 세워 발해의 뒤를 이었어요. 이 나라들은 비록 크지는 않았지만 200여 년 동안 줄기차게 거란과 싸웠어요.

발해가 거란에게 멸망한 것은 우리 역사의 커다란 비극이에요. 발해의 멸망으로 만주의 넓은 땅을 우리 역사에서 잃어버리게 되었으니까요.

75 견훤은 왜 고려에게 항복했나요?

후백제를 세운 견훤에게는 10명이 넘는 아들과 딸이 있었어요. 그런데 견훤은 넷째인 금강에게 왕위를 물려주고 싶었어요. 그러자 첫째인 신검이 반란을 일으켜 동생인 금강을 죽이고 아버지인 견훤을 금산사라는 절에 가두어 버렸어요.

아들에 대한 배신감에 화를 참지 못한 견훤은 금산사를 탈출해서 고려에 항복을 해 버렸어요. 그러고는 고려 군대의 가장 앞에서서 후백제를 치러 갔어요. 아버지가 아들과 전쟁을 하러 간 것이지요. 앞장서서 오는 견훤을 본 후백제의 장군들은 싸움을 포기하고 항복해 버렸어요. 이렇게 해서 견훤은 자기가 세운 후백제를 자기가 앞장서서 멸망시켜 버렸답니다.

사진 제공

국립중앙박물관[중박 201206-3465]
13 주먹도끼, 고기잡이 도구
17 빗살무늬토기
18 요령식 동검과 칼자루
51 판갑옷과 투구

국립민속박물관
67 거문고

규장각
21 삼국유사

연합뉴스
49 전국민속예술경연대회 길쌈놀이
69 금당벽화

북앤포토
43 수로왕비릉
75 을지문덕 장군의 동상
81 낙화암
83 계백 장군의 위패와 영정
87 연개소문 유적비
99 원효 대사
102 중국 적산법화원 장보고 동상
103 청해진 장도

67 통도사(iPyo),
80 첨성대(Gaël Chardon)
90 문무대왕릉(skinnylawyer)

학년별
단원별
교과서 연계

아이가 스스로 공부하게 만들어 주는
친절한 교과서 길잡이!

공부가 재미있어지는 교과서 속담

예부터 전해 오는 속담 속에서
우리 조상들의 지혜와 교훈을
배워 보세요!

오주영 글 | 이소 그림 | 값 9,000원

공부가 재미있어지는 교과서 사회•문화

우리는 사회를 이루고
문화를 누리며 살아가요.
교과서 속 사회·문화를
쉽고 흥미롭게 배워 보세요!

정우진 글 | 유설화 그림 | 값 9,000원

공부가 재미있어지는 교과서 수수께끼

재치 있는 질문과 답으로 구성된
수수께끼를 친구들과 풀어보며
상상력과 창의력을 길러 보세요!

정재은 글 | 우지현 그림 | 값 9,000원

공부가 재미있어지는 교과서 정치•경제

정치와 경제는 우리 생활과
밀접한 관계에 있어요.
교과서 속 정치·경제를 쉽고도
말랑말랑하게 배워 보세요!

황근기 글 | 홍수진 그림 | 값 9,000원

공부가 재미있어지는 교과서 수학

딱딱한 계산과 공식이 아니라
재미난 스토리텔링으로
어렵게 느껴졌던 교과서 속 수학을
쉽고 흥미롭게 배워 보세요!

이영민 글 | 누똥바 그림 | 전국수학교사모임 이동흔 감수 | 값 9,000원

은하수 미디어
EUNHASOOMEDIA
www.ieunhasoo.com